文春文庫

# 江戸前の素顔

遊んだ・食べた・釣りをした

藤井克彦



文藝春秋

# 江戸前の素顔　目次

# 江戸前の素顔

## 遊んだ・食べた・釣りをした

# はじめに

私にとって心のふるさとである江戸前の海。

昭和20年代、夏になると遠浅の静かな渚で泳ぎ回って遊びほうけた。浜辺を掘れば身がぎっしり詰まったアサリやハマグリ、シジミがざくざく捕れる。足下ではハゼやカレイの稚魚が逃げ惑う。冬になると海は浅草海苔《あさくさのり》を養殖するための篊《ひび》で覆いつくされ、あたりは海苔の香りに包まれる。その間を船頭さんが櫓《ろ》を漕ぎながら船を流すと、大きなカレイやアイナメが竿をたわわに曲げてくれた。これは『江戸名所図会』の世界ではない。昭和の中頃まで毎年見ることができた江戸前の原風景である。できることなら子や孫にも見せたかった、「巨大都市東京の前」に広がっていた海だった。

だがその海は年ごとに埋め立てが進み、ウォーターフロントを訪れる多くの人で連日賑わいを見せている。私が遊んだり釣りをしたりした江戸前の海は、そこに棲んでいた魚たちと一緒にその下で静かに眠っている。

漁獲高で数々の日本一に輝いた江戸前の海が豊饒《ほうじょう》だった理由は単純明快である。大きな河川が幾つも流れ込み、他に例を見ない広大な汽水域を形成したからに他ならない。その海の幸が鰻の蒲焼、天ぷら、握り鮨、佃煮、浅草海苔という食文化を大きく発展させてきた。いずれも日本人の食生活に欠かすことができないものばかりである。

にもかかわらず江戸前の海が埋め立てによって消えていくのは、宿命であったと言ってもよい。海辺の浅瀬はいとも簡単に埋め立てが可能で、江戸を襲った大火や震災の度に、瓦礫が投棄されてきた。まだインフラが十分に整備されていなかった時代は、大都会が生み出す大量のごみの投棄も続いた。やがて高度経済成長政策がスタートした昭和30年代、東京タワーが建ち、夢の新幹線が開業し、最後は東京オリンピックで日本中が沸き立った。その後も湾岸道路の高架が走り、大型船入港のために航路が掘られ、海苔篊や網の設置ができなくなった。そんな繁栄の裏側で、工場から流れ出す汚染物質や、家庭から排水される汚染水で海が汚れ、わずかな浅瀬に残されたハゼやカレイの産卵場もほとんど消えてしまった。

釣り雑誌の取材をかねて昭和の中頃から、老いた漁師や船頭たちから往年の江戸前の昔話を聞き、漁業や食文化を書き残すことを心がけてきた。農民文化は文字・文章として残っているが、漁民文化の伝承はほとんどが口伝による。戦後、義務教育制度が確立しても、漁民は幼い子どもを船に乗せ漁の手伝いをさせることが少なくなかった。統計で見ても、農民に比べて就学率は極めて低かった。だが漁師の記憶力は底知れないものがある。とくに漁場に関する記憶は年老いても消えることなどない。

「素顔の江戸前を後世に残しておきたい」という思いは齢《よわい》を重ねるごとに増し、自らの体験と江戸前漁師から直接聞いたことを柱にすえて筆をすすめることを心がけた。

浅草橋の船宿では、白髪頭の船頭が若かった頃を思い出すように目を細めながら、「あのよー、大川（隅田川）を下って永代橋をくぐるだろ。そうすっとよー、はあ、ずーっと海だったけよ。お台場のあたりで投網《とあみ》を打つとよ、網が持ち上がらないほど鰯《いわし》が入るだよ。丸まる太った真鰯だってばよ」としみじみと語ってくれた。

原稿を書く手を休めて散歩に出ると、東京の下町を流れる運河ではどこもハゼを釣る人たちの姿があった。しばらく後ろで眺めていると「こんなところでハゼが釣れるんですね。東京もまだ捨てたもんじゃないですね」と、釣った本人が驚いている。「いやいや『こんなところにハゼがいる』んじゃなくて、ここはもともとハゼの棲みかだったんですよ。人間様が埋めてしまったから、こんな狭い運河でハゼは細々と生きているんですよ」とつい余計なことを言ってしまう。

戦後まで残された江戸前の原風景をその目で見、絶品であった江戸前で捕れた魚介の味を知る人が少なくなってしまった。江戸前の釣りをイロハから教えてくれた船頭さんや先輩もほとんど黄泉《よみ》の国へ旅立ってしまった。

本書は、物も言わずに江戸前を追われた魚介たちへの回顧であり、鎮魂歌である。それだけになるべく多くの魚や貝、海苔などのプロフィールと味覚を紹介するよう心がけた。いつの日かまた、江戸前を去った魚たちが帰ってくることを願う人がひとりでも増えてほしいと祈るばかりである。

つり人社から拙著『江戸前の素顔』を世に送り出したのは２００４年のこと。新聞などメディアに取り上げていただき話題となった。ありがたいことに、お読みいただいた魚類学者や民俗学者の方々からは誤謬のご指摘もいくつかいただいた。江戸前の定義に関しては、行政をも巻き込んだ議論が起こり、新たな展開も出てきた。そんな折、文春文庫に収録いただくお話をいただき、大幅に加筆修正させていただいた。折しも２０２０年のオリンピック東京開催が決まり、多くの競技場が江戸前の海の上に建設される。

できることなら世界中からオリンピック観戦に来られる外国人のみなさまに、江戸前で捕れた魚介をぜひ召し上がっていただきたい。お台場に屋形船を浮かべ、江戸前のアナゴやハゼ、シロギスなどの天ぷらをご賞味いただきたいと願っている。

近年、水産試験場関係者や市民運動などの努力の甲斐があって、絶滅に近いとされた多くの魚や貝が、まだ脈々と生き延びていることも確認されている。行政も、東京湾と江戸前の再生に本腰を入れる機運が高まっている。多くの方に本書をお読みいただき、単なる江戸前の回顧ではなく、蘇りの一助になればこの上ない幸せである。

# 第1章 食通も知らない本当の江戸前の味

世界的な大都市・東京の目の前に、今では想像すらできない美味しい魚介を育む海があった。それが江戸前である。豊富なプランクトンや海藻を食べて育った魚や貝の味は天下一品で、江戸っ子たちを唸らせた。だがその味を知る人はもうほとんどいない。文字で味を再現することは難しいが、記憶に焼きついた魚介の素顔と味覚をたどってみよう。

江戸時代の中頃に誕生した「江戸前」という言葉は、なんとも粋で鯔背《いなせ》な雰囲気を感じさせてくれる。この言葉を聞いてまず頭に浮かぶのは、新鮮な魚介類を使った握り鮨ではなかろうか。だが江戸前という言葉が誕生した当時、「江戸の前の海」は漁場を表す言葉だった。それがやがて「江戸前の海でとれた魚介」を包括するようになっていく。しかも江戸前を代表する魚は、なんとウナギ。まだ握り鮨が誕生するはるか前のことである。そこで江戸の名所図会などには「江戸前　大蒲焼き」という看板が描かれており、「鰻」の文字はない。でも江戸っ子なら誰でも江戸前がウナギを意味することを知っていたという。

これから江戸前が育んだ海の幸の話を進めていくが、江戸時代から漁師たちが江戸前と呼んでいた海は、現在の「旧江戸川河口と多摩川河口を結んだ北側の海域」に限られていた。東京ディズニーランドの南側に立って、飛行機が離発着を繰り返す羽田飛行場を見通した北側の海域である。空気が澄んだ日ならはっきり見渡すことができるだろう。直線距離で15キロほどだろうか、広い東京湾のほんの一部で、猫の額ほどの狭い漁場にすぎない。たったそれだけの狭く小さな漁場が、じつは「単位面積あたりの漁獲高で日本一」を誇り、明治時代から昭和の中頃までトップの座を一度も明け渡したことが無かった。これは凄い！

## 浅草海苔と牡蠣《かき》養殖で日本一の海

少しだけ例を挙げれば、全国に先駆けて海苔の養殖に成功したのが江戸前漁師たち。江戸時代、魚を捕る漁民も「猟師」という表記だったが、本書では時代を問わず漁師と書かせていただく。

「なあんだ、海苔ですか」などと言わないでいただきたい。江戸前の漁師が育てたのは、標準和名をアサクサノリと言い、商品名が標準和名となった珍しい例とされている。ただしこの海苔は病害や温度の変化に弱く、養殖することが難しかった。そこで現在はスサビノリという品種に取って代わられてしまった。現在の海苔とは味も香りも全くの別物である。

アサクサノリで作った浅草海苔

千葉県の盤洲《ばんず》干潟《ひがた》で長年にわたり海苔養殖に携わってきた金《きん》萬智男《まんのりお》氏らが、古老たちから、「昔の海苔は美味かったし、香りも全然違う」と聞かされ、本物の「浅草海苔」の復活に挑んだ。苦労の末に平成16年11月、遂に成功を収めて収穫し、乾し上がったばかりの海苔を分けていただいた。七輪と備長炭を買い込んで、子どもの頃に教わったとおりに炙《あぶ》ってみた。黒っぽかった海苔が少しだけ緑色に変わったところで火から離し、畳んで折るとパリッと割ける。本物の浅草海苔復活にかけただけあって、幼い頃から食べていた懐かしい味だった。スサビノリが材料の「浅草海苔」とはまったく異なる味と香り。これには家族一同が大感激した。

多くの川が流れ込む全国一の汽水域を作り出していた江戸前の海はかつて、そんな浅草海苔の養殖で栄えた海だった。

牡蠣《かき》の生産高が広島を抜いて日本一だったことが4度もあったことはほとんど知られていない。今でこそ「海の幸は山が作る」ことが広く知られるようになったが、汽水育ちの江戸前の牡蠣は格別の味。深川で昔から船宿を営んでいたご隠居さんから聞いた牡蠣にまつわる話をご紹介しよう。

「あのよ、戦後の物のない時代によ、小遣いに困るとちょいと舟を出して永代橋のあたりに行くだよ。橋桁《はしげた》にいくらでもくっ付いてる牡蠣を剝がしてよ、市場で売るんさ。するてえと、はあ、飛ぶように売れたっけね。なんてったって江戸前の牡蠣だろー。そりゃうめえさ」。その金を手にして洲崎の遊郭へそそくさと遊びにいったそうである。

東京湾岸の新名所となった東京ゲートブリッジの北側の海が、かつて江戸前牡蠣の養殖場であり、深川漁師たちは養蠣場《ようれいば》と呼んでいた。ハゼやマコガレイの産卵場でもあり、ウナギやアイナメなどがよく釣れた場所でもある。

牡蠣は今も江戸前の岩場や消波ブロックなどにたくさん着いている。江戸時代からのDNAをもつ正真正銘の江戸前の牡蠣である。冬場になれば生で食べても、殻のまま焼いても絶品！　それを雑誌に写真も添えて紹介した翌週、心ない人がタガネで剝がし岩は丸裸になってしまい、牡蠣は一つも残っていなかった。

江戸前で捕れた魚にまつわる話をもうひとつだけ。明治生まれの祖母から、「深川じゃあね、夕方になると『いわしこー、いわしこ』って、生きのいいイワシやアジ、セイゴなんかを担いで売りに来たもんだよ」と何度も聞かされて育った。この話を「いわし来い、いわし来い」と思っていたのだが、江戸前の漁獲データを調べているうちに「イワシ、シコイワシ」つまり、マイワシ（真鰯）とカタクチイワシ（片口鰯）だと知った。深川沖で揚がり、夕河岸でさばききれないほどの漁があると、天秤棒をかついで町に出て売り歩いていたようだ。さらに豊漁だと肥

東京・夢の島での牡蠣養殖風景（昭和30年代前半）

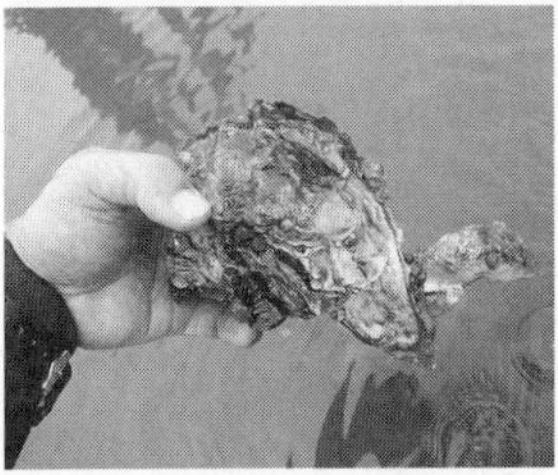

江戸川河口で育ったマガキ

料に加工されていた。イワシが激減した今日では、夢のような話である。

江戸前の海を漁場として、漁業で生計を立ててきた深川、品川、大森、そして佃など江戸前の漁師たちは、昭和37年に漁業補償を受けほとんど陸に上がってしまった。漁師たち（東京都漁業協同組合員）は、その補償金を基金として、豊かな江戸前の漁業に関するすべてを、『東京都内湾漁業興亡史』という850ページにおよぶ本に収録した。その刊行の辞には、有史以前から続いてきたこの海での漁業権を放棄にするにあたり、漁業や食文化をふくめ江戸前の海のすべての遺産を記録に残すという主旨が記されている。読むほどにその豊かさに驚嘆する内容が盛り込まれた本である。この本との出合いが、私を江戸前の歴史探訪にいざなう大きなきっかけとなった。

昭和21年に産まれた私は、小学校に上がる頃から大人たちに混じり、生意気にも江戸前の釣り船に乗って糸を垂れていた。おかげで数え切れないほどの魚たちとの出合いがあり、それぞれの味を心ゆくまで堪能してきた。夏は「夢の島海水浴場」で泳ぎ、浜辺で捕れたアサリやハマグリ、シジミもげっぷが出るほど食べまくった。

江戸前の海が運んでくれた海の幸を堪能できたのは、釣り人ばかりではない。下町の小さな魚市場では地元で捕れたピチピチの魚介を売っていた。だから海辺の近くに住む方にとっては文字通りの「地産地消」。それは昭和40年代まで続いていた東京の懐かしい風景と食文化であった。

この章では、私が自分で釣ったり捕ったりして食べた魚介を中心に、江戸前の海の幸、とりわけ深川沖で捕れた魚介の味を中心にご紹介していく。ここはひとつ、涎《よだれ》を拭きながら気軽に読み進めていただきたい。

## アサリとハマグリ（浅蜊&蛤）

江戸時代、深川漁師町は時の幕府に名産のハマグリ（蛤）を献上し、租税の免除を受けていた。水質汚染で消えてしまった江戸前のハマグリの味は、江戸前を代表するものだった。

深川から品川、大森にかけての沖は、広大な砂地の浅瀬が広がり、ハマグリとアサリの宝庫であった。栄養が豊富な江戸前の貝は、身が太ってびっしり入っていたのが特徴である。江戸名所図会には当時の潮干狩りの様子が描かれている。戦後しばらくの間は初夏、船を仕立てれば海水浴さえ楽しめた。だから昭和30年代まで、江戸前の船宿には、「釣り、海水浴、潮干狩り」の看板が架かっていた。

ちなみに戦前は、さらに水質がよかったと聞く。私の父は隅田川の水練場（水泳教

三枚洲のハマグリ

アサリ
いずれも日本産の固有種

室）で、母は洲崎の水練場で古式泳法の免許を取得している。戦後になっても昭和30年代までは、深川の地先や町を流れる運河や掘割で泳ぐ人たちの姿を見ることができた。臆病な私にはできなかったが、褌《ふんどし》ひとつで橋の上からザブンと飛び込むのが深川流である。

　さて、私が潮干狩りを楽しんだ江戸前とは、国際的なテニス大会が開催される現在の「有明テニスの森」周辺である。東雲《しののめ》橋のたもとで10円の入漁料を払う。当時はまだアサリやハマグリの養殖をしていたから、地先利用権や漁業権が設定されていたに違いない。だが残念なことにそこに潮干狩り場があったことは、なんの記録にも残っていない。『東京港史』の編纂に携わった委員の方に聞いてみたが、この件はご存じないとのことである。

広重による洲崎の潮干狩り

　周辺には、無料でアサリが掘れる場所がいくつもあったが、なにしろ貝がザクザクと採れたし、現在の潮干狩り場のように「小さな網の袋一杯だけ」というけちな制限などなかった。実家は米屋だったから、アメリカ、タイなど外国から輸入した、いわゆる外米を入れる麻袋を持参したが、数時間で持ちきれないほど掘れた。それを仲間数人でかつぎバスに揺られて帰るわけだが、車内の足元が水浸しになっても、運転手はいやな顔ひとつ見せず「兄ちゃん、たくさん捕れたなあ」と褒めてくれるよき時代であった。

この潮干狩り場では、アサリが捕れる場所とハマグリ専門の場所の境界線が網で仕切られ、料金が多少違っていた。とうぜんのこと、ハマグリのほうが入漁料は高く、深い場所になっていた。だが、アサリ場の料金を払って仕切り網の近くに行くと、ハマグリ養殖場から逃げてきたものが捕れることを誰もが知っていた。子どもの手のひらにあまるほどの大きなハマグリが捕れると、すばやく袋の底に隠す悪知恵も身につけていた。「焼き蛤」にうってつけの大きなハマグリも魅力だったが、私の好物はアサリにまじって採れる小さなハマグリだ。その模様が美しいこと、お吸い物にしたときのつるっとした舌ざわり、ハマグリ特有の甘さがなによりの好みだった。

潮干狩りから帰るとすぐ、隣近所に配る。そのお礼にもらう駄菓子がうれしかったように記憶している。掘った貝は採ったその日には食べられない。大きな盥《たらい》に入れ、塩をひとつまみと、錆びた釘か包丁を一緒に入れて砂抜きをする。ただし、その上に麻袋でもかけておかないと、貝が潮を吹いてあたりが水浸しになってしまうのを知ったのもこの頃だった。

江戸前のアサリ料理で絶品だったのは「焼きあさり」。殻つきで火にかける「焼きはまぐり」とは違って、アサリをむき身にしてから串に刺して焼くという手間ひまのかかる一品。醬油味が強く、ちょっとしょっからい（塩辛い）が、酒の肴に、ご飯のおかずに、おやつにと、隠れた江戸前の味。子ども向けに甘く味付けしたものは、イカなどといっしょに駄菓子屋でも売っていた。

荒川河口にある船宿「山口屋」では、天ぷら船の前菜に必ず焼きあさりが出た。常連さんが「これが楽しみでここに来るんですよ」と目を細めるほどだった。千葉県の「浦安魚市場」で焼きあさりを専門にする店があったが、開店してすぐ売り切れごめんになるほど繁盛していた。

いまは、深川のアサリ料理といえば「深川丼」と「深川飯」である。そこでこの歴史に少しふれておこう。

まず、「深川飯」は本来、「アサリの炊き込みご飯」である。家庭では一般的に「あさりご飯」とよばれていた。一説によると、裕福な家庭では、ハマグリをつかった炊き込みご飯を食べており、それが「もうひとつの深川飯」だったともいう。徳川幕府に献上された深川産のハマグリが、こうして食べられたのかは定かではないが、わが家では、文久元年（1861年）生まれだった曾祖母からの伝承で、アサリのむき身に細く切った油揚げを加え、醬油味ベースで炊き上げていた。当時は釜で炊いたから、吹きこぼれたアサリの香りが近所まで漂う。炊き上がると、上にはご飯が見えないほどどっさりとアサリと油揚げがのっている。母が具を混ぜるとき、しゃもじに付いた飯を一口だけもらう。これが、美味い。釜底にできたおこげ、これがまた格段の味だ。残ったあさりご飯は、おにぎりにしておき、翌日、七輪であぶって焼いた海苔を巻いて食べると、こたえられない。いま思えば、これぞ江戸前の味だったのだろう。酒を飲んだ最後に焼きおにぎりがよく合うが、あれにアサリがたっぷり入り、潮の香りがするご飯を想像していただけば、どれほどのものかおわかりいただけよう。

一方、「深川丼」とは、「アサリ汁のぶっかけ飯」である。味噌汁でも清《す》まし汁でもい い。でもぶっかけ飯は「猫まんま」という別称があるように卑しい食べ方とされ、家庭では絶対にありえない食事だった。吉野家の牛丼がチェーン展開され、ぶっかけ飯がファストフードとして市民権を得たことで、食事に関する礼儀作法の変化が生んだひとつの食文化である。

ところで、アサリをなぜ「深川」と言うのだろう。日本橋の老舗の鮨屋・吉野鮨の親方の話によれば、かつて深川の浜が江戸前におけるアサリの名産地であったこともさることながら、「浅利」は「利が浅い」に通じるので「深川」と呼び替えたという。

この素朴な郷土料理ともいえる深川丼の発祥には、三つのルーツが考えられる。

ひとつは飯を食う暇もないほど忙しい深川漁師がアサリの味噌汁を飯にぶっかけて、

アサリのぶっかけ飯

たくあんをおかずに、かきこむように食べたことが起源という説。これは深川漁師の口伝によるものである。私もこれが好きで、小さい頃に祖母からよく叱られながらも、隠れてこっそり食べたものである。ちなみにハマグリの潮汁《うしおじる》をかけるともっと美味い。

文献に残る最古の深川丼は、明治時代の下層階級の悲惨な生活を松原岩五郎がルポルタージュした『最暗黒の東京』（岩波文庫）に記されたもの。それによれば、使う貝は、バカガイ。現在のアオヤギである。これを鉄の大鍋でネギといっしょに煮て丼にかける。明治中期で1杯が1銭5厘。車引き、つまり人力車の車夫がむさぼり食うが、「尋常の人には磯臭き匂ひして食ふに堪へざる」と注釈が書かれている。同書には、「深川飯」と見出しがついているが、あきらかにこれは丼であり深川丼のルーツである。

余談になるが、バカガイという貝はその名の示すように、いくらでも採れるが商品価値がなく、傷みも早い。それに目をつけた商魂たくましい人がただ同然で仕入れ、丼に仕立てたのが最初であろう。貝の名誉のために言っておくが、新鮮なバカガイは美味だ。ベロの刺身、酢味噌で和えた「ぬた」はもちろん、味噌を加えて叩き、焼きさんが風に調理すると絶品だ。「小柱」の商品名で売られている貝柱はバカガイの貝柱である。

大正時代になると、浅草の屋台でアサリ、豆腐、油揚げ、ネギを入れて煮込んだものが「深川丼」として売られていたという。ところがこのルーツは定かではない。

私の家では冬場、父が「あさり鍋」なるものを作ってくれた。味噌味か醤油味に仕立てていた。アサリのむき身のほかに豆腐、ネギ、白菜などが入っていた。醤油仕立ては、すき焼きの牛肉の代わりにアサリを使ったものだ。今でこそアサリのむき身は高価だが、当時は牛肉などに比べれば格段に安かった。練炭が赤々と燃える七輪に鍋をのせ、家族がそれを囲んで箸を出す。このあさり鍋は現在、一部の店で「深川鍋」となっている。これを丼にかければ今様の深川丼になる。これが深川丼の三番目のルーツである。

なにごとによらず、「元祖」の検証や証明はむずかしいもの。ただし「深川丼と深川飯はまったくの別物」という点だけは覚えておいて損はない。

近年、江戸回顧ブームで下町には深川丼の看板をかかげる店が多くなった。なかには「元祖」や「本家」を看板としている店もある。各店を食べ歩き、店主たちにたずねてみると、昭和30年代からメニューに加えたという。また、「元祖」について店主には「アサリと合わせる具がオリジナル」という程度のものだった。なかには「江戸からの味」と銘打つ店もあるが、江戸時代に深川丼があったという確証はない。

昭和30年代まで、私の住む深川には毎朝、アサリ売りの声が響く。「あっさりー、しじみよー。あっさりーしじみ」という売り声。すでに地（地元・深川産）のアサリは減ってしまい、浦安方面から中高生が自転車の後ろにアサリとシジミを満載して売りに来る。もう死語になってしまったが、いわゆる「勤労少年」たちである。かれらは砂抜きしたアサリを升《ます》で量って売ってくれる。母に頼まれ「お兄ちゃん、きょうはあさり3合ください」と、ざるを手に自転車を追う。ところがたまに砂抜きがしっかりできていない貝が混じっていると、椀の中に砂が残るし、ひどいときにはじゃりっと、まさに「砂を嚙む」ことになる。

朝の10時を過ぎる頃になると、おばあさんがリヤカーにアサリやハマグリなどを積んで路地裏をくまなく回っての行商である。むき身の注文を受けると日陰を選んで座り込み、アサリの殻を黙々と剝《む》いていく。その指先の早い動きに魅せられて、夏休みなどはおばあさんの傍にしゃがんで、殻剝きを飽かずにながめていた。後年になってカワハギ釣りを覚え、餌にするアサリを剝くたびに、あの日の光景が目に浮ぶ。

**モヨ（藻魚）**

みなさまには耳慣れない魚名かもしれないが、「ソイ」という魚の仲間の江戸方言で、昭和40年代に江戸前から姿を消してしまった江戸前を代表する魚のひとつ。カサゴ（笠子）にそっくりの魚だが、色が真っ黒け。『和漢三才図会』では「藻魚」の文字を当て、カサゴの他にメバルやベラなどの総称とある。ヨロイメバル（鎧眼張）やキツネメバル

（狐眼張）、ムラソイなどの方言とする説もある。

そこで江戸前の船頭衆と話し合ってみたが、どうもムラソイではなかったのか、という程度でしかない。幕末に開業した深川の老舗船宿・冨士見の石嶋一男船長は、

「モヨかい。懐かしいね。あいつはフッコの曳き釣りをやると、よく掛かったね。ステンレスで作った特製の擬餌ばりに掛かるのはよ、尺を優に超えてたね。ありゃあ煮つけにすると美味い魚だったなあ。モヨはソイだったって言う人もいるけど、ほんとうはなんだったんかな？　川崎まで下がるとクロソイって言ってたけど、俺はモヨは顔が違ってたような気がすんだよな。クロソイのほうが顔が細長い。モヨはずんぐりしてたよな。それにしてもよ、もうモヨなんて知ってる人も少なくなっちまったよな」と懐古していた。

石嶋船長が掛けたというような大型を私は釣り上げたことがない。カレイ釣りの外道でせいぜい25センチ程度までのモヨしか釣った記憶がない。それでもかなり引きが強く、魚が顔を出すまではどきどきしたものだ。

はじめてこの魚を釣ったときは、てっきりカサゴとばかり思っていたが、船頭が「おお、兄ちゃん、そいつはモヨだ。帰ったらかあちゃんに煮てもらいな」と教わった。色が黒っぽく、少しもうまそうには見えない魚だったが、甘辛く煮付けると、ほっくりし

た身で甘みがあった。私がいまも煮魚が好きなのは、江戸前にも数多く棲息していた根魚によるところが大きい。

この原稿を書くにあたってクロソイ、キツネメバル、ムラソイを、刺身、煮付けにし、改めて食べてみた。どれも文句のない風味だった。モヨの正体がなんであれ、江戸前が誇りにした味に変わりはないと確信した。

## ギンポ（銀宝）

本郷の東大農学部の近くにある「まるやま」は、江戸前天ぷらを看板にする小さな店。この店は、お値段が銀座の半値以下で、種に店主こだわりの味が楽しめる。ある日、「銀宝」と書かれた木札がカウンターの上に架かっていた。

「へえ、あれってギンポだよね、懐かしいな。1本揚げてくれる」

「河岸にいいのがあるとたまに仕入れるんだけど、こっちですすめない限り、だれも注文してくれないんだよね。昔は江戸前天ぷらの特上ネタだったけど、今じゃギンポなんて知ってる人も少なくなっちまって、寂しいかぎりですよ」と嘆いていた。

揚げたてのギンポは淡白で、皮の食感もなんともいえない。

築地中央市場に入るギンポは瀬戸内産のものだというが、江戸前の海と魚にめっぽう詳しい石嶋船長の話では、ギンポは最近になって江戸前の海に戻ってきているという。運河の船着場などでも、稚魚の泳ぐ姿がたまに見えるそうだ。その後、私も若洲海浜公園の石積みで目にしている。

ギンポという魚は、海蛇を平べったくしたような魚で、見た目はじつにグロテスク。しかも小骨が多く、天ぷら以外には食べようがない。船でこれをはじめて釣ったのは、まだ小学校の高学年になったばかり。くねくねと釣り糸に巻きつき、触るのも気持ちが悪く、はりも満足に外せなかった。すると威勢のいい船頭が「なに怖がってんだ、ぼうず。そりゃ天ぷらにすりゃあ最高なんだかんな。でえじ（大事）に持って帰んな」と叱られた。

小学生のときから、釣った魚は自分でさばいていたが、ギンポは、ウナギやアナゴと同様に素人には下ろしにくい魚である。骨に身が残ってしまい、天ぷらにすると情けないほど小さくなってしまう。淡白だったという以外、味の記憶はほとんどない。まして子どもの頃に天ぷら屋になんぞは行ったこともない。だから「まるやま」で食べたギンポの味は、「本物のギンポの味ってこんなにうまいものだったんだ」というのが正直な思いだった。

一時、江戸前ギンポは消滅したかに思われた。岩の割れ目や海苔や牡蠣を養殖する篊《ひび》などに着いている魚だけに、埋め立てが進み棲みかを追われてしまったことが最大の原因だろう。だが埋め立て地の捨石には、細々と生きながらえている。その気になれば自分で捕って「江戸前ギンポ」を味わうことができるかもしれない。

## シバエビ（芝海老）

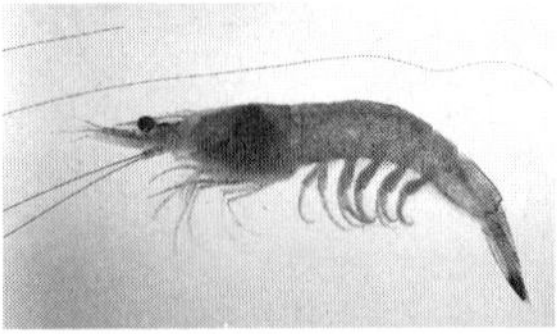

鮨ならマグロ、天ぷらならエビが人気のトップで、いずれも日本は世界一の輸入大国である。現在、高級な天ぷら店で使われるエビは、「才巻《さいま》き」とよばれるクルマエビの子。しかも生きたものを使う。しかしかつて江戸前の天ぷらといえば、シバエビが多く使われていた。このエビは江戸時代、「芝浜」、現在の芝浦の沖で多く採れていたから芝海老と命名されたという記録がある。江戸前のシバエビ漁は、打瀬船という白い大きな帆を張った船で網を引いて捕った。クルマエビも江戸前の海で捕れたが、シバエビのほうが漁獲量ははるかに多かったので、これまた江戸前を代表する海の幸である。

昨今はバナメイエビがシバエビの代用品として調理されたために食材の表示偽装で世間様を騒がせている。だがどちらのエビにもなんの責任もない。ある意味では消費者のブランド志向がもたらした罪でもある。

白く半透明なシバエビは、クルマエビほどの甘みはないが、さっぱりした風味がいい。それに殻も柔らかいから、丸のまま揚げてもいい。

シバエビの小さいものは、東京の方言で「こさく」と言い、クロダイやフッコ釣りの餌としても珍重された。子どもの頃にコサクのかき揚げがよく食卓にのぼったが、どうも父が釣りの餌に使った残りが人間様のおかずに変身したようだ。恥ずかしいことに私は、シバエビはかき揚げにするしか食べようのない小さいエビだとばかり思っていた。

記憶に残る最も美味いと感じたシバエビは、中学生時代に乗った天ぷら船で、船頭が揚げてくれたもの。江戸川を下った船が沖に出る前、船頭が河口に沈めてある笹や木の枝を束ねたボサを引き揚げ、その下に大きな網を入れるとエビがバラバラと落ちてくる。それを甕《かめ》（船の水槽）に生かしておいたものである。昼、生きたまま衣を付けて揚げてくれたから、そのうまさは子供心に感動ものだった。その日はシバエビを食べまくった記憶がある。

江戸前における天ぷら船がいつごろから発祥したのかは定かでないが、「食べ放題」の伝統は今に引き継がれている。客が「もう食えない」というまで船頭は揚げ続ける。そして残った天ぷらは「おみや」つまりお土産にしてお持ち帰りとなる。家に帰って「これ、すごく美味しかったよ」と差し出したのを見た母親から、「なによこれ、いつも食べているシバエビじゃない」と言われて唖然とした。生きたエビと死んだエビではこんなに味が違うものかと驚嘆した。

東京湾の水質が悪化しシバエビの漁獲量は激減し、かつてほど廉価ではなくなった。でもたまに魚市場に並んでいると、思わず買ってしまう。

## マコガレイ（真子鰈）

カレイ（鰈）といえば、大分県下の「日出《ひじ》の城下《しろした》かれい」が、その名を全国にはせている。日出の海底には淡水が湧出しているから、ここのカレイは絶品だとされる。日本アルプスの伏流水が流れ込む富山湾の魚が美味いのも同じ理由だ。日出の城下カレイの正体だが、単なるマコガレイなのである。江戸前の釣り人はこのカレイを「マコ」と呼んでいる。
味に関するお国自慢を否定するものではない。たとえば同じ鯛でも、産地や季節によって味に違いがあることは、各地で釣りをし、その地方の魚を食べた経験からもよく理解しているつもりだ。だが、「ここの魚が日本一」という折り紙を食通と称する方が断定的に言い切ってしまうと、へそ曲がりな私は苦言を呈したくなる。マコガレイも、そんな魚のひとつである。
まずは季節。江戸前のマコが一番美味しくなるのは5月から6月の初夏である。産卵で消耗した体力が回復し、身は冬の2倍近い厚みになる。この時期のカレイは引きも強く、釣ってもおもしろい。だが、釣り人はなぜか、「乗っ込み」とよび産卵期である冬場のカレイをありがたがる。だが味から言えば断然、初夏が勝っている。

初夏のある日、船頭が、このマコガレイを船で生き締めにし、薄造りをポン酢で食べさせてくれた。身が締まり、ほのかな甘みがなんともいえない。「どうよ？　江戸前のマコって捨てたもんじゃねえでしょうが。この味だけは、船の上じゃなきゃ出ねえんだ」と胸を張った。

そこでかねてから「日出のカレイを食べたらほかのカレイなんて」と言い、わざわざ日出まで食べに行く食通を自認するお方を船にご招待した。その日、釣ったばかりのマコを船上で私がさばいて姿造りにして召し上がっていただくと、「うーん、参ったな……これはお世辞抜きで城下かれいより上だね」と唸っていた。

もともと江戸前では、カレイといえば煮魚で、刺身で食べることは稀であった。その意味で食文化に関しては、いまもって西高東低であることは認めるが、ぜひ機会があればご賞味いただきたいものである。

昭和35年頃までは、マコガレイは江戸前の海でよく釣れた。煮付け、空揚げ、ソテーと最初は好評だったが、父と二人で毎回50枚以上も釣ってくると、家族があきてしまい「ええっ、またカレイ」と嫌な顔をされる。そこで小さなカレイの一夜干しを作ったところ、これが大好評だった。

　残念なことに江戸前マコは、産卵場を奪われ東京湾奥まで入ってこなくなり、ほんのわずかな棲息数になってしまった。すくなくとも日出《ひじ》から長時間かけて輸送されたものなんぞに、味では絶対に負けない自信がある。

## イシガレイ（石鰈）

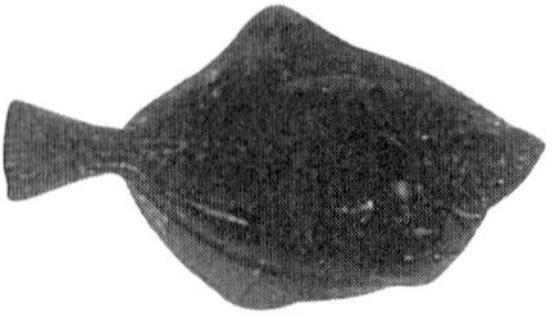

　マコガレイが砂地や砂泥地を好んで棲息するのに対し、イシガレイはきれいな砂地や砂礫《されき》帯に棲息する。したがって東京湾の埋め立ての影響で棲息に適した環境が失われ、いちはやく江戸前から姿を消してしまった魚のひとつである。
　イシガレイの名前の由来は、背に文字通り硬い石のような角質が張り付いていることによる。マコガレイに比べて「アンモニア臭い」などと敬遠されるが、ところがどっこい、刺身にすると結構いける。また、大きなものは50センチ近くまで成長し、釣りの対象魚としては人気が高かった。マコガレイ釣りにはゴカイやイソメを餌にするが、イシガレイ釣りではアサリやエビなども使う。大きく育つ魚は食欲も旺盛なのだろう。
　江戸前では、マコガレイの産卵が終わるとイシガレイが釣れはじめたように記憶して

カレイ突きの銛を持つ漁師と船宿『木場名所図絵』(部分)

いるが、漁師に聞くと「マコ（マコガレイ）もイシ（イシガレイ）も、一年中湾内にいるんじゃねえか」とのことである。というより、漁の多寡はあるものの、どちらも周年網に入るという。

昭和40年代、旧江戸川河口で、特大のイシガレイが石油缶にあふれるほど釣れたことがある。現在の東京ディズニーランドのすぐ前である。千葉県側だから、正確には、江戸前ではなく「向こう地」での釣りである。引っ掛け釣り、別名ギャング釣りといい、オモリにはりだけを付けた仕掛けを投げ、ずるずる引いてきて引っ掛ける。私はこの釣り方が嫌いで、なんとか餌で食わせようとしたが、なぜか餌では釣れなかった。

カレイという魚は、お食事時間が決まっているようで、潮の干満の変わり目にはばたばたと釣れるが、それ以外の時間は口を使ってくれないことが多い。また、産卵行動に入ると、この傾向はさらに強くなり、刺し網には掛かるが餌には見向きもしない日々が続く。そこで引っ掛け釣りが登場する。一般にギャング釣りと呼ばれ品のない釣りとされる。

その一方、江戸前の船遊びに「カレイ突き」というのがあった。船の片舷に客が銛《もり》を手に並び、海底を闇雲に突き刺していると、底にいるカレイが刺さるという単純な遊びだ。祖父はこれが好きで、よく家の前の船宿から出かけたという。ときには一度に2尾も3尾も刺さることもあったそうだ。

カレイの釣り場に何度も潜ったという江戸前の船頭から「カレイがいん（居る）とこにはよ、なんめえ（何枚）も重なってんだよね。あんだもん、カレイ突きで一度になんめえも突けたわけだよ」と聞いたことがある。

都営大江戸線の清澄白河駅にほどちかい、深川図書館が所蔵する『木場名所図絵』の中にこの道具を手にした漁師が描かれている。深川の老舗船宿「ふじ見」の前をモリを持って歩く漁師たちの絵である（前頁）。カレイの魚影が濃かった時代が見えてくるような気がする。

**アイナメ（愛魚女・鮎並）**

冬になると浅草海苔は収穫の最盛期を迎える。林立する海苔篊《ひび》の中に船を出してカレイを釣っていると、必ずといっていいほどアイナメが混じったものである。体をくねくねと動かす独特の引きを見せるので、はりに掛かるとすぐにそれとわかる。家に帰って煮付けてもらうのが楽しみであった。ちなみに東京・日比谷は江戸時代、竹の篊を商う

「旗屋」が多かったことが語源とも言われている。

江戸前の船宿が最後にアイナメ釣りの乗合船を出したのは、昭和50年代だろうか。岩礁や砂礫帯を好むアイナメが棲息する条件がその頃まではまだあった。代表的な釣り場は、現在の羽田空港の外周。すぐ上を飛び交うジェット機の離発着を眺めながらの釣りだった。まれに40センチを超す大型も釣れる知る人も少ない穴場であった。

シーズンは11月頃からで、産卵で浅場に寄ってくる大型を狙い撃ちにする。この時期からオスは黄色の婚姻色をまとい、メスとの区別がつくようになる。夏はデキと呼ばれる当歳物が防波堤からも釣れるが、あまりの猛暑が続くと大量死することも珍しくなかった。

アイナメが江戸前からほとんど姿を消したのは、埋め立てに一因があるが、地球温暖化の影響も考えられる。というのも、江戸前のアイナメ乗合船が出なくなってから千葉県の飯岡や銚子に出かけたが、この海域も水温の上昇でめっきり減ってしまったからである。

釣り人は、アイナメの旬を冬と思っているが、ほんとうに美味いのは夏場である。千葉県銚子漁港でも市場価格は夏場に高値をつける。

この「旬」という言葉には二つの意味がある。一般的には漁獲量が最も多い時期をさす。だがそれがかならずしも味覚とは一致しないことがある。たとえばサンマ。たくさん捕れる時期である秋から初冬までは、漁獲量も多く魚には脂がたっぷりのって美味い。一方、アイナメの身に脂がのるのは夏場だけだ。低水温を好むアイナメは、夏場は深場へ移動してしまい、産卵期のように群れることもない。したがって漁獲量も少なくなる。だが小鯛釣りの外道で掛かったものを刺身にすると、「これが同じアイナメ？」と疑いたくなるほど上品な白身魚の特徴をそなえた味覚であり、粗を潮汁にすると椀の表面にきれいな脂が浮く。

## セイゴ、フッコ（狭魚、二歳魚）

スズキ（鱸）が出世魚であることはよく知られている。江戸前では、コッパ（木っ端・木っ葉）、セイゴ、フッコ、スズキと、成長につれて呼び名が変わる。セイゴは『和名類聚抄』には妾婢魚と表記されるスズキの幼魚である。その年に生まれた当歳の15センチ前後がコッパ（「デキ・出来」ともいう）、2歳魚（30センチ程度）までがセイゴ、60センチまでがフッコで料理屋では「福子」と書かれることがある。2尺つまり60センチを超えると、晴れてスズキと呼ばれる。関西には、フッコを「マダカ」とよぶ地方がある。「スズキと呼ぶにはまだか」というわけだが、どうもできすぎのような気がする。

セイゴ、フッコ、スズキは、サイズの違いがそのまま味覚に反映する。セイゴは幼魚だけに味は淡白。煮ても、焼いても、三枚におろして天ぷらにしても、あっさりしている。これがフッコやスズキになると身がしっかりして、独特の風味が出てくる。

江戸時代、深川漁師はハマグリのほかにフッコを幕府に献上していたことが記録に残っている。スズキではなく、フッコと断っているところがなんとも奥ゆかしい。

母は、戦前は魚屋がセイゴを売りにきたと話していた。これを薄味で煮ると、生きがよいので身が反り返ったという。「セイゴを煮るときは薄味だよ。濃く煮るのは田舎者のすることだよ」が口癖だった。そこで、房総漁師直伝の、日本酒、砂糖、醬油だけで、私好みにこってり煮込んだセイゴの煮付けを出してみると、「見た目はよくないけどこれも、おいしいね」と、せっせと箸を運ぶ。薄味もいいが、こってり味もいいものである。

スズキの旬は夏。品のよい脂がのり、刺身、洗い、塩焼き、バター焼きなど、豊富なメニューが楽しめる。ところが食通で知られた松江藩主・松平不昧公がこよなく愛したというスズキの奉書焼で有名な島根県の松江には、「松江の夏鱸、江戸の寒鱸」という言い伝えがある。季節による産地のうまさの違いを表現している。だが江戸前のスズキだって夏が美味い。冬は、真子（卵）と白子、それにはらわたが抜群に美味くなる。ただし産卵を終えた直後のスズキだけは、身がぱさついて、とても食えたものではない。

ということで、なぜ「江戸の寒鱸」と言われたのかは不明である。

そんな疑問をもっていたとき、浜田義一郎氏の『江戸たべもの歳時記』に、井原西鶴が元禄9年（1696年）に書いた『万の文反古』の一節が紹介されているのが目についた。江戸の大町民を招待したら、その番頭さんが「主人は病み上がりだから美食は口にできない。もてなしならつぎのような料理が望ましい」としていくつかの料理を挙げている。そのなかに「鱸の蜘蛛腸の汁物」というのがある。これを召し上がったことのある方は、よほどのグルメであろう。

スズキの腸は何本もの細い蜘蛛の巣状になっている。鮮度のいい腸、胃、浮き袋を塩でもんでよく洗い、軽くあぶって湯を注いだものが「鱸の蜘蛛腸の汁物」である。この料理は、宮内庁御用萬屋調理士会の会長を務める遠藤十士夫氏に料理指導をお願いし、私が料理の解説を書いた『至高の釣魚料理』（主婦と生活社刊）に収録されている。

遠藤氏は茨城県の出身であるが、東京の郷土料理研究で内閣総理大臣表彰を受けている方。当時、日本興業銀行の青山寮で板場を勤めるかたわら、伝統料理、創作料理の研究にいそしんでおられた。遠藤氏がスズキ料理で「これはどうですか？」と出してくださったのが「鱸の湯注ぎ」という料理名である。それがまさに「鱸の蜘蛛腸の汁物」そのものであった。ひと口いただいただけで思わず笑い出してしまった。あまりの美味さに「先生、なんですかこれは！」と笑い出してしまったのだ。魚の内臓料理といえばゲテモノの感もあるが、上品で奥行きのあるうまさは、たとえようのないものだった。研究心旺盛な遠藤氏は、おそらく西鶴の『万の文反古』をご存じであったに違いない。「鱸の蜘蛛腸の汁物」の記述だけでそれを再現するのには感服した。

それにしても江戸の通人たちの美食にかける心意気は、計り知れないのである。

その後、機会あるごとに私もスズキの湯注ぎを作ってみたが、秋から冬にかけてのスズキの腸でなければ、あのコクのある深い味が出ないことがわかった。「江戸の寒鱸」の言葉は、この腸や真子などを珍重した江戸の味を表現していたのかもしれない。

ちなみに釣りを愛し、スズキ釣りに何度も通ったという文豪・幸田露伴は、「噂には聞いているがまだ食べたことがない」と書き残している。

ただ残念なことに、私が江戸前のフッコやスズキ釣りに興味をもった頃には、多少、油臭さが気になった。その後、体内に残留する有機水銀が問題になり、市場への出荷停止措置がとられてしまった時期もあった。また、ハゼと同様に骨が曲がったフッコが釣れたりもし、はりに掛けて遊ぶだけの魚になってしまったこともあった。

だが江戸前の水質はかなり改善が進み、現在は食品安全基準はクリアしている。

**ボラ（鯔）**

江戸前の味を語るとき、忘れてならないのがボラだ。この魚は、太古の昔から、日本人の蛋白源として欠かすことができなかった。沿岸に大きな群れをなして回遊し、大量の捕獲が簡単なだけに、全国各地の入り江は回遊するボラの見張り小屋である「ぼら納屋」が史跡として残っている。さらにさかのぼれば各地の貝塚から、必ずといっていいほどボラの骨が出土している。

　出世魚であるボラは、皇室では「名佳《なよ》し」という名で呼ばれ、正月の祝い膳に欠かせなかったと聞く。刺身を「酢味噌和え」に調理して供されたそうで、その料理を遠藤氏に再現していただいた。房州で捕れた寒のボラだったが、その美味さに声を失った。ついでにと、刺身、握り鮨などをふるまってくださったが、ボラの味を再認識する思いであった。

汚染に強く、江戸前の海の水質が最も悪化した昭和40年代でも、真っ黒に汚れて異臭さえ発する海や河川を生き抜くたくましい生命力をもった魚である。それゆえにボラは、油臭いと釣り人からも敬遠される。また、重金属の体内蓄積も食品安全基準値を超えるなど、悪評ばかりが目立っていたが、本来はこのうえなく美味な魚なのである。

　九州・鹿児島出身の友人は、一定の年齢になった若者が寝泊りする若衆小屋で、先輩から郷土の風習、それこそ女性の扱い方まで習った。夜の宴会には、特産の芋焼酎の肴に欠かせないのが「ボラの筒切り」だったと言う。ボラを皮のままブツに切り、酢味噌をつけてかぶりつきながら焼酎を飲んだそうである。

江戸っ子はそんな粗野な食べ方はしない。味噌漬けにして炙るのが定番料理である。釣り師たちがもっとも珍重したのは、ボラのへそ。へそとは胃袋のことで、そろばん玉にそっくりの形をしている。これを串に刺して塩焼きにする。小学校時代、級友のおやじさんがボラ釣りに凝っており、ある日、彼がボラのへその塩焼きを学校に持ってきた。朝礼が終わって教室に戻ると「これ、とうちゃんが先生に食ってもらえって。うまいよ、先生。俺んち、いつもそれ食ってんだ」と新人の女性教師に差し出した。びっくりした教師は、顔を赤らめ、困惑した表情で「あとで給食の時間にいただきます」「でも、とうちゃんがすぐに食べてもらえって」と強引にすすめた。なにしろ彼は、「とうちゃんは、ボラの身を捨てて、へそだけ持って帰ってくるだぜ。ボラはへそが一番うめえんだから」と自慢していた。

おそらく私は当時から食い意地が張っていたのだろう。そのとき以来、ボラのへそがえらいご馳走に思えて脳裏から離れなかったが、実際にそれを口にできたのは、高校生になってからのこと。千葉県にある皇室が鴨猟をするための新浜御猟場の脇にある汐入の池。そこでボラがたくさん釣れることを知り、祖父の形見のボラ竿を改良して専用の投げ竿を作って大きなボラを何尾も釣りあげ、ようやくへそを串に刺して焼き、念願が叶った。その味は、しこしこした食感で、珍味ではあったが、「美味い！」という代物ではなかった。今にして思い返せば、酒の肴に向いていたのであろう。

ボラのそっくりさんで、メナダという魚がいる。ボラに比べると頭が多少小さい。江戸前では「なんだ、メナダだ」と格下に見られていた魚だが、味に関してはほとんど大差ないように思えた。

## ハゼ（鯊）

現在、本当に美味いハゼの天ぷらを腹いっぱいたべようとおもったら、財布と相談しなければならない。それよりも入手がじつに困難で、よほどの高級店でなければハゼはメニューにない。なにしろ築地中央卸売市場で生きたハゼは、キロあたり1万円を超すことがある「高級魚」で、天然物の鯛より高い。1尾の原価が500円以上もするから、天ぷらに揚げて出てくると1000円前後になってしまう。そう、極上の大トロに近い値段になってしまったが、かつてハゼは東京湾の底を埋め尽くすほどいた魚である。

木枯らしが吹き始める頃、大きく育って元気よく暴れるハゼをつかんで頭を落とすと、腹に真っ黒な浅草海苔が詰まっており、台所が新海苔の香りに包まれる。まだ大森から品川、深川沖に海苔篊《ひび》が林立していた時代、それはいい香りがしたものである。衣をつけて油に入れると、身が反り返る。それが本物の江戸前ハゼの天ぷらだった。（詳細は第3章でお伝えする。）

それが1束《そく》（100尾）も釣れたのだから、6人家族の胃袋を満たすには十分である。残りのハゼは、はらわたを出して、軽くあぶって陰干し、正月にいただく甘露煮の材料になる。ハゼの甘露煮は、お節料理には欠かすことができない一品であった。わが家では昆布巻きの芯にも干したハゼを使う。ゴボウと一緒に煮上げたその風味を親戚一同が楽しみにしていた。

江戸前のハゼを食べたい方には、下町の運河で竿を出してみることをお勧めしたい。子どもさんでも手軽に釣ることができる。秋になると放課後、孫が友達を連れてきて、家の前を流れる小名木川で竿を出す。それを空揚げや天ぷらにすると、あっと言う間に平らげる。保健所が毎年、有害物質の検査を行っているが、すべて基準値を下回っており「安全宣言」を出している。

### キス（鱚）

ハゼと並んで江戸前の釣りで人気が高かった魚がシロギス。かつて江戸前には、シロギス（白鱚）とアオギス（青鱚）の2種類が棲息していた。その名が示すように、薄い黄みをおびたのがシロギスで、かすかな青みを帯びて輝くのがアオギス。アオギスは、別名カワギス（川鱚）ともヤギス（矢鱚）とも呼ばれていた。河口の汽水域に多く棲息したことからこの名がついたようだ。残念なことに水質汚染に弱いアオギスは、いち早く江戸前から姿を消し、昭和40年代に絶滅してしまった。

シロギスは、昭和50年代まで、現在の葛西臨海公園沖の三枚洲と呼ばれる浅瀬にかなり棲息していたが、東京都島しょ農林水産総合センター（旧東京都水産試験場）が行っている定点調査によって、現在でも棲息が確認されている。

シロギスは今も、天ぷらの種として人気が高い。大型は塩焼きや刺身もいい。淡白な白身だが、皮にかすかな香りがある。

アオギスの味については、直接味わったことがないので心ならずも語ることができない。先輩釣り師から聞いた限りでは「釣ってはおもしろいが、食ったらまずいやね」というのが大方の意見であったが、「美味かった」と言う人もいた。美味いか不味いかは好みにもよるが、釣ったばかりの新鮮な魚を食べる機会が多い釣り師が「うまかあねえんよ」と言うのだから、それにしたがうことにする。

ハゼの項では触れなかったが、江戸前のハゼは、利根川や涸沼川《ひぬまがわ》などのハゼのように大きくはならなかった。それだけに身が締まってうまかったのだと思う。アオギスは、シロギスよりも成長が早く、大きく育つとされる魚。とかく成長が早い魚より、ゆっくり育った魚のほうが一般的には美味い。鯛などがその典型で、温暖で流れが緩やかな海ででっかくなったものは、大味で美味くはない。ただしシロギスに関しては、各地の産を食べ比べてみたが、それほど味に違いがないような気がする。

## ワタリガニ（渡り蟹）

母や祖母がもっとも愛した江戸前の味は、ワタリガニだ。標準和名はガザミである。たまに親孝行のつもりでタラバガニや毛ガニを出しても、「やっぱり茹でたてのワタリガニのほうがおいしかったよ」と言われてがっかりした。

昭和50年代までは、江戸前の海でまだワタリガニが捕れた。夜、船に乗ってサーチライトで水面を照らすと、水面を泳ぐカニの目がピカリと光る。それを全速で追いかけて玉網ですくう。私も一度だけ便乗させてもらい、バケツ一杯をみやげに持って帰ったことがある。たしかに身も美味いが、黄色に染まったミソの味が絶品だった。

「昔、大森に蟹屋さんがあってね、おじいちゃんによく連れて行ってもらったもんなのよ。自分専用のはさみと竹串を持って行ったもんですよ。でも月夜の蟹だけはだめ。身がないから」と語るだけに、母がワタリガニを食べる姿は見事だった。甲羅をはずし、「がに」とよばれる鰓《えら》を取り除き、足をもぎ、身を二つに割ってから一気に食べる。足に詰まった身もするりと取り出して口に運ぶ。

子どもの頃、浦安から来る行商のおばちゃんがワタリガニを持ってくると大量に買って、夕食後、大鍋で塩茹でして家族が卓袱台《ちゃぶだい》をかこむ。みな、無言でカニと格闘していた光景が懐かしい。

## アナゴ（穴子）

江戸前の鮨ネタで欠かせない物のひとつがアナゴである。夜行性の魚だから夕方からアナゴ釣りの乗合船が出た。仕事を終えたサラリーマンが駆けつけるのを待って出船となる。昭和40年代までは、荒川河口でよく釣れた。現在のディズニーシーの前あたり一帯である。竹刀竿と言って、折れた竹刀を削って40センチほどの短い竿を作り、それを両手に持って釣りをする。当時使った餌はイワシやサンマ、イカの切り身。そろそろ帰港という時刻になれば、船頭さんが釣ったアナゴを捌《さば》いてくれる。それを家に持ち帰ってすぐ、天ぷらや甘辛煮にできるからありがたい。
「江戸前のアナゴは美味い」と言えば、またお国自慢と言われそうだが、正真正銘の江戸前アナゴは、身に含まれる脂質が他県産の倍近くもあるとアナゴ専門の卸売り業者に

教わったからである。餌が豊富な江戸前ならではの味と信じている。わが家の子どもたちはアナゴの卵とじが好きだった。ざくに切ってゴボウの笹がきといっしょに軽く煮て、溶き卵を流し入れて丼にのせる。アナゴが2、3本しか釣れなかったときに思いついた苦肉の策である。

## ウナギ（鰻）

かつては江戸前の代名詞ともされたウナギだが、実は現在も健在な数少ない魚である。東京都が漁業補償を行ったとき、河川の漁業権は補償の範囲外だった。そのために江戸川などの川漁師の漁業権は残ったままだった。今でも伝統的な鰻筒漁《うなぎづつりょう》などで天然のウナギ漁を行っている。

夏場、夜になると釣り人がウナギの夜釣りを楽しんでいる。毎週のように通う常連さんは、餌にするミミズを1万円も買い込んでいくという。釣ったウナギを高値で売っているそうである。

平成17年には、東京都島しょ農林水産総合センターの小泉氏が、お台場で江戸前ウナギを捕獲して、「獲りましたよ！　江戸前のウナギ、まだ居るんですね」と興奮した口調で連絡をいただいた。

近くの鰻屋のおやじさんも、「毎年、近くの川で釣ったウナギを持ち込んで『これで蒲焼き作って』と頼まれるんだよ」と言っていた。江戸時代からのＤＮＡを持った貴重なウナギである。

## マルタ（丸太）

清流に棲むスマートな魚体のハヤ（ウグイ）とそっくりで、かつては、ハヤの降海型ではないかとされた魚だが、りっぱな単一魚種と同定《どうてい》された。下町の釣り人からは「まるたっぱや」と呼ばれ、お世辞にも美味い魚とはいえない。塩焼き、甘露煮など様ざまな調理を試みたが、結局は不評に終わってしまった数少ない魚である。

だが、その引きの強さに魅せられて、マルタ釣りにはまる人も少なくなかった。水質汚染にも結構強く、東京湾奥の河口部にかなり棲息していた。とくに江戸川河口周辺に集中していたのは、アサリを茹でて加工する工場から流れ出る白濁したゆで汁に群れる習性があったからだ。私も足しげく通ったが、竹で出来た鮒竿でマルタを掛けると、いきなり糸鳴りがして竿をもっていかれそうになる。そのスリルはたまらないが、不人気な魚だけに持ち帰ることはほとんどしなかった。

## タナゴ（鱮）

残念なことに私は、江戸前のタナゴを食べたことがない。こどもの頃、玉網をもって木場の掘割で小魚を追い回したとき、きれいなヤリタナゴやオカメタナゴを捕っては洗面器や金魚鉢に入れて飼っていた。だが実際に食べたのは佐原水郷や印旛水系で釣ったもの。練炭火鉢に餅焼き網をのせ、両面がこんがり焼けたら砂糖を溶いた醤油につけてかたっぱしから食べる。その間、父はタナゴ釣りの自慢話をするが、食べるのに忙しくて誰も聞いちゃあいない。はらわたのほろ苦さが砂糖の甘みとあいまって、うまかった。

暮れに釣ったものは串焼きにし、うっすら焦がした砂糖醤油にからめたすずめ焼きになる。ハゼの甘露煮、タナゴのすずめ焼きは、どちらも正月の祝い膳には必ずのった。タナゴが激減し、買ってくるすずめ焼きはフナ（鮒）に変わってしまったが、「やっぱりすずめ焼きはタナゴじゃないとな……」と父が愚痴を言うのが正月の恒例だった。

江戸末期、小さなタナゴ釣りは大名や武士に人気が高かったという。「タナゴはな、手のひらに100匹乗るほど小さいのを釣らないと、一人前じゃない」と、よく父が言っていたが一緒に釣りに行くと、私はできるだけ大きなタナゴを釣っては喜んでいたように記憶している。

## フナ（鮒）

江戸時代に書かれた釣り場案内書をみると、隅田川の河口近くの運河や掘割ではコイ（鯉）やフナがよく釣れていたと記されている。フナには、体色が金色のキンブナと、銀色のギンブナがいる。河口の汽水域や塩分のある池で釣れるフナはギンブナ。佐原水郷などで釣れるフナは圧倒的にキンブナが多い。

フナは戦後になっても、そこかしこの川や池で見ることができた。なかでも昭和30年代までは、江戸川区葛西の海に面した広大な「葛西水郷」が下町のフナ釣り場として人気があった。この周辺のフナは、ミミズではなくゴカイを好んで食べているようで、餌は、ハゼと同様にゴカイを使うことが多かった。

ギンブナは刺身でもいけると言う人もいたが、わが家では甘露煮が定番だった。とくに3月から4月にかけて、腹に子をもったフナの甘露煮は絶品であった。身のうまさもさることながら、甘辛い味がしみ込んだ卵がたまらなくいける。ほくほくしてこのうえないご馳走だった。

この時期は、卵を壊さないようにはらわたを抜き、うろこを取らずに炭火で焼き、水をはった鍋に番茶を入れてまず煮る。煮詰まったところで酒と醤油、砂糖を入れてじっくり煮詰めると、骨まで食べることができる甘露煮が完成する。まる2日がかりで仕上げるが、江戸前ギンブナの甘露煮は、琵琶湖のなれ鮨に使う源五郎同様に幻の味になってしまった。

## スミイカ（墨烏賊）

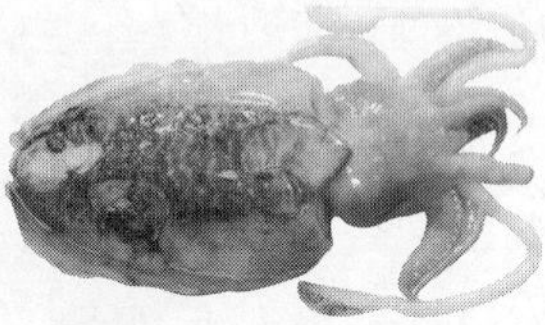

現在捕れるスミイカ（正式にはコウイカ「甲烏賊」）は、東京湾の中ノ瀬あたり以南が主な漁場になっている。かつては、現在のお台場海浜公園あたりから葛西、浦安にかけてごく近場でいくらでも捕れたようだ。浅草橋の船宿・田中屋の先代に昔話を取材したとき、「お台場ができてからいなくなっちまったけど、投網に墨烏賊が入るとよ、白い網が真っ黒になっちまって、めえった（参った）ね」と、古きよき時代を懐かしんでおられた。だからスミイカも江戸前の味だったのだろう。深川の古老も戦前、現在の東京ディズニーランドの前で、生きたシャコを餌にしてスミイカがよく釣れたもんだと語っていた。

私が初めてスミイカを食べたのは天ぷら船でのこと。わが家で食べるのはスルメイカだけだったが、船頭が見慣れないイカを切っていたので聞いてみるとスミイカだという。スルメにくらべて身が厚く、甘いイカだったことをよく覚えている。

## サルボウ（猿坊・猿頬）

こどもの頃船で釣りをしていると、たまにサルボウという貝が釣れた。赤貝にそっくりで、大きさはやや小ぶり。船頭には美味いと言われたが、貝を割ると真っ赤な血が出るので、気味悪くて食べずに終わってしまった。後年になって赤貝の刺身や鮨が好物になってからは、「江戸前のさるぼう」を食わなかったことが悔やまれる。

このサルボウ漁をしていた深川の漁師さんにお目にかかったことがある。大きな帆を掛けた打瀬船での漁で、江戸前の漁業権を独占していたそうである。当時も今もサルボウは、缶詰などでは「赤貝」として売られていたそうだ。

「今だから話せるんだがよ、俺がサルボウの漁で大儲けしたのはよ、乗り子に戦災孤児を使ったからなんだ。戦災で親を亡くした孤児たちが下町に溢れてたろ。寝るところと食い物だけ与えておけば、誰も文句なんか言わなかったんね」と小さな声で話してくれた。江戸前の知られざる戦後史の一面を見て複雑な思いにかられた。

## アジ、イワシ、コノシロ（鰺、鰯、鰶・鮗）

江戸前を代表する魚にアジ、イワシなどもあったが、残念なことに私は江戸前のアジ

を釣ったことがなかった。本格的な沖釣りを始めた頃にアジは、すでに江戸前を去って木更津以南に南下していたからだ。あまり知られてはいないが、なぜか木更津で釣れるアジは脂がのって美味い。適度な潮の流れと豊富な餌が良質な身をつくるのだろう。

まだ江戸前の海がきれいであった時代の中小アジは、さぞうまかったことだろう。特に江戸前で捕れるアジは「中ふくら」と呼ばれ、ぽっちゃりしていたようである。

嬉しいことにこのアジが、江戸前に戻ってきた。シロギスを釣っているとたまにはりに掛かるし、乗合船が出ることもある。

イワシは現在でも、シコイワシ（カタクチイワシ＝片口鰯）やマイワシが江戸前に回遊してくる。マイワシには金太郎鰯の別名があったという。江戸末期、医者である武井周作が書いた『魚鑑』には、「東武《むさし》の内海の産、所謂江都前《ゑどまへ》にして、味ひ美く、他州《たこく》の産に勝れり」と書かれている。

平成23年の春、船橋漁協の網元で、『東京湾で魚を追う』という本の著者でもある大野一敏さんから、「今年最初のイワシを水揚げしたから食べに来なさいよ」と電話をいただき、馳せ参じた。そのときご馳走になったのが、「鰯の奴」。手開きしたマイワシをブツに切って、ダイコン下ろしに一味唐辛子と醤油をかけていただく。船橋漁師の郷土料理というが、びっくりするほど美味かった。

＊　＊

江戸前にはこのほか、サイゾウとよぶニゴイ（似鯉）、サヨリなどよく釣れた。江戸前の鮨には欠かせないコハダは、コノシロの幼魚である。コノシロは成長につれて呼び名が変わる。その年に生まれた当歳がシンコ（新子）、2歳魚がコハダ（小鰭）、成魚がコノシロでいずれも小さな口でプランクトンだけを食べるので、群れで泳ぐ姿は目にしたが、釣ったことはない。

以上、駆け足で江戸前の味覚を紹介してきた。できることなら、すべてを再現してご賞味いただきたいが、残念なことにそれは「無いものねだり」というものである。江戸前の海の幸がいかばかりであったか、ご理解いただく一助となることを切望している。

# 第2章　ウナギ（鰻）と江戸前

江戸時代、天然鰻の宝庫であった江戸前。さらに鰻は「江戸前の代名詞」として愛された食材。産地ごとの味の違いにこだわった江戸っ子は鰻屋のランキングさえ作っていた。だがこの頃からすでに「産地偽装」も横行したようだ。蒲焼の発祥から「うな重」の誕生まで、江戸に花開いたウナギの食文化史と裏面史をご紹介しよう。

蒲焼という言葉の起源は定かでないが、焼いた姿が「蒲の穂」に似ていることからその名が付いたとすれば、最初は長い姿のまま串刺しにして焼いたのだろうか。茶褐色のウナギの口から串を刺しこんがりと素焼きにすれば、たしかに蒲の穂に形状は似るに違いない。あるいは、割いて串に巻きつけてから焼いたのかもしれない。それに醤油やみりんといった調味料を合わせたタレをつけて焼けば、もっとそれらしく見えることだろう。

やがて、いつの世にも必ずいる創意工夫に秀でた料理人が、ウナギを割いて中骨を切り落としてから二つに切り、身の横から串に刺す。しかも蒸して余分な脂を抜いてからタレを何度か付けては焼き上げるという、現代に伝わる風味豊かな蒲焼の原形を誕生させたに違いない。

風味という意味では、『新猿楽記』に香疾《かはやき》という記述があり、焼くほどに香ばしい匂いが人の鼻に入る、つまり「香ばしい焼き」が蒲焼に転じたという説もある。ウナギは白焼きでも香り立つが、甘いタレが焦げる匂いとウナギ本体が発するあの香りを表現したものと考えるのが妥当であろう。

食通は、白焼きをわさび醤油で食べたりもするが、蒲焼がこれほど人気を博すようになったのは、なんといっても各店に伝わる秘伝のタレがあったればこそだろう。ある老舗の鰻屋の主人は、関東大震災のとき、まっさきに蒲焼のタレを入れた壺を抱いて逃げたという逸話が残っている。

また、テレビでグルメ番組のレポーターが、「やっぱり蒲焼は一に良質のウナギ、二が備長炭での焼き、そしてタレということですよね」とマイクを向けたとき、「いや違うね。ウナギの蒲焼は、一がタレ、二が焼き、三がウナギ」と言い切った鰻屋のご主人もいた。続けて、「素人が知った風なことあれこれ言うけどさ、ウナギなんてよ、天然だって養殖だって、タレと焼きの腕さえよければ、うめえもんだよ。なんたって蒲焼はタレにはじまりタレに終わる。なんなら天然と養殖と食べ比べてみるかい？ 俺が焼けば区別なんてわかんないと思うよ。というより、たぶんあんたなんか『どっちがうまい？』って聞いたら『養殖のほうがうまい！』って答えるにちがいねえさ」と豪語した。それを聞いたレポーターが顔色を失ったのを見て思わず笑ってしまった。

醤油と味噌は日本が世界に誇る調味料。醤油、味噌、そして塩は日本の食文化の原点を作り出していると言ってもいい。徳川家康が江戸城に居を構えるようになってから、現在の千葉県の行徳付近へ鷹狩りに出かけた折、塩田や藻塩があるのを見てすぐに小名木川の整備を命じ、江戸城へ塩を運ぶための運河を整備した。

ほぼ時を同じくして千葉県の野田で味噌や醬油を作っていることを知った家康は、江戸へ集積するための水運事業にも着手する。それまでは京からの「下りもの」として莫大な費用とリスクのある廻船を使って調達していた調味料や食材を、次々と江戸城下や近郊で調達するよう整備をすすめた。その功績は、大豆をはじめ食料の多くを輸入に頼り、食料自給率を40パーセント以下にまで落ち込ませてしまった後世の政治家をはるかにしのぐといえよう。

蒲焼に関していえば、焼いたウナギにからませるあのタレは、丼にかけただけでも飯が食えるすぐれた合わせ調味料である。それだけに蒲焼の命ともいえるタレのベースとなる醬油を江戸市中に供給した家康の戦略は、見事というほかない。

家康が食通であったことはよく知られているが、自分の舌を満足させるだけであれば、権勢を笠に着て諸国から特産、名産を献上させれば済んだに違いない。彼のめざした「都市計画」は、衣食住の需要と供給のバランスを取ることで江戸の食文化発展の下地を築いたことにある。

## ウナギを語らずして江戸前を語れず

さて、「江戸前とウナギ」がなぜ問題になるのか、ということの章の本題に話をすすめていく。豊かな漁場としての江戸前という名称は、やがて江戸で人気をはくしたウナギの漁場を指す言葉になっていった。具体的には、江戸前産のウナギだけが「本場物」で、千住など江戸城の北側で捕れるウナギを「江戸後ろ」、また、利根川など遠方から運ばれてきたものを「旅うなぎ」とか「旅物」といって区別するようになる。ちなみに、ウナギに関して江戸前とされるのは、浅草川、現在の隅田川の河口周辺と深川産に限られていたとされる。江戸後ろと旅ウナギは、本場物以外の産ということで、「場違い」の語源になったという。それほど江戸前のウナギは江戸の人びとに珍重されていた。

さらに時代を経て宝暦の頃になると、ウナギそのものが江戸前の代名詞にさえなってしまった。店の看板に「江戸前」と書かれてあれば、それは鰻屋だったとされる。いまなら看板に江戸前と書かれてあれば、だれしも鮨屋を思い浮かべるが、当時は鰻屋だったのである。

ウナギが江戸前の代名詞として使われたという根拠として、「江戸前を呑み込んで鵜が難儀をし」という江戸川柳を挙げることができる。これは落語の「鵜が難儀、うがなんぎ、うなんぎ、うなぎ」という話にそっくりだが、ここで注目したいのは、単に「江戸前」と詠むだけで、当時の人はウナギを頭に浮かべたということである。万人に知られた意味をもつ言葉でなければ、川柳のおかしさは伝わってこないはずだからである。

これに類した江戸川柳が数多くあることもつけ加えておく。

だが、「江戸前＝うなぎ」説には異説もある。江戸の世情を描いた風俗画に、「江戸前大蒲焼」と書かれたのぼりの前でウナギを焼く姿が詳細に描写されている。漢字の読み書きができない者がこれを見て真似をして、「江戸前」だけを看板にしてしまっただけだ、という説がその一つ。

しかし、きっかけが単なる間違いであろうと、いったん世に広まってしまった言葉が市民権を得ると、もう押しとどめることはできない。たとえば物事を否定するときに使う「全然」だが、若者は肯定形として使う。最後は辞書の編纂者さえ音を上げ、「現在は肯定の意味で使うこともある」と語釈の変更を余儀なくされる。そんな風潮は江戸時代も現代も全く同じなのだろう。

江戸前の鰻についてもう少し話を続けていこう。

ウナギにとっては迷惑千万な土用の丑の日が近づくと毎年、この風習を考え出したとされる知恵者・平賀源内の話が、さまざまなメディアで紹介される。そこで必ずといっていいほど登場するのが「夏場になると鰻が売れなくて困っちゃうんですよ、先生」と歎く鰻屋の話を聞いた源内先生が、「本日、土用の丑」と書いて店に張り出しなさいとアドバイスしたという話である。「夏ばて防止には、鰻が一番」という意味をこめた「土用の丑の日」という源内先生が作った名句は、日本におけるキャッチコピーの元祖ともされている。

さらにさかのぼると、万葉集では大伴家持が病弱な友人を気づかって「石麻呂に　我

もの申す　夏痩せに　よしというものぞ　武奈伎とりめせ」と、戯《ざ》れ歌を送っている。「鰻は滋養強壮によいから、ぜひ食べなさい」という趣旨だ。古来、ウナギは漢方薬とされていたことや、大伴家持の歌も知ったうえで博学な平賀源内がこのコピーを考えたと推測されている。

だがこの説に関して、江戸前の鰻蒲焼研究のバイブルともいえる『随筆　深川のうなぎ』を著わした宮川曼魚氏は疑問を呈している。「本日、土用の丑」と書いただけでは、庶民にはなんのことやらさっぱりわからなかったはず。たった一枚のそんな紙に書かれた文字で鰻屋が繁盛したとはとうてい思えないと言う。江戸前鰻の蒲焼の歴史で、曼魚氏が「わからない」と書いたのは、この部分だけで、ほかは推測も含めて文献の根拠を示しておられる。

そうした経緯がありながらも、学校の歴史の授業では、エレキテルの発明者としてしか習わなかった源内先生だが、雑学にもめっぽう強かったようである。それは風来山人のペンネームで書いた『里のをだまき評』（安永３年・１７７４年）という本に書かれた「江戸前鰻と旅鰻程旨み違わず」という一文に象徴されている。この一節は江戸文化研究で知られた川崎房五郎氏が『江戸学事典』に紹介している。このフレーズだけを読むと、全く意味が通じない。いったいなにが、「江戸前鰻と旅鰻」の旨みほどには違わないのだろう、という疑問だ。

そこで上下2巻からなる分厚い『平賀源内全集』を紐解いてみると、ウナギの味覚の違いの例えにされたのは、なんと公娼である吉原の女郎と、私娼である岡場所の女郎の「女の味」の比較だったのである。源内先生は「高い銭を取る公娼・吉原の女郎と寝ても、岡場所（私娼）の女と寝ても、それは女しだいであって、食通に知られた江戸前鰻と旅鰻ほどに味の違いはないよ」と書いていた。「自分が抱いた女の味に関する私見」を滔々と述べていたと知ってびっくりした。

さすがの源内先生といえども、女郎買いのたとえ話が後世になって、よもや江戸前という言葉の意味や定義に役立つとは思い至らなかったことだろう。また当時、ウナギが「江戸前」と「旅」、つまり地物と移入物に区別されていたことで、江戸前がすでにひとつのブランドになっていたことをうかがい知れる。

大分県佐賀関漁港に水揚げされる「関あじ」の商標登録が認められて久しいが、今をさかのぼること300年も前に、すでに「江戸前」というブランドが存在した意義は大きい。

築地中央市場に並ぶ関あじ、関さばには1尾ごとに立派なシールが貼られている。偽物が横行することへの地元漁協が施した自衛策である。これは見事的中し、関あじ、関さばは、さらにブランドとしての価値を全国にとどろかせ、その価格は高まった。後で詳細に検討するが、江戸前が単なる漁場としての名称だけでなく、ウナギのブランドとして通用していた意味は、奥深いものがある。つまり、当時も江戸前と称して旅鰻が大量に流通していたのであろうと推測できるからである。

ウナギの本場である江戸前とは、現在の隅田川河口部と、深川産に限られていたことは前述のとおりだが、深川産ウナギの主な漁場は、じつは小名木川であった。先に述べた徳川家康が整備をすすめた運河である。松尾芭蕉が居を構えた「芭蕉庵」があった萬年橋の西で隅田川につながり、東は現在の荒川から江戸に入る舟の関所となった小名木川船番所を結ぶ間である。

松尾芭蕉は庵で名句を何首も詠み、その前には大小の船が行きかい、岸近くで町人や武士が竿を出して釣りを楽しみ、

小名木川の眺望（「風俗画報」所収「新撰東京名所図会」画・山本松谷　明治42年より）
両岸の石積みが鰻の寝床

明治34年の小名木川岸通り（志演尊空神社奉賛会）

漁師がウナギの筒を仕掛ける。それが世界有数の百万都市のお膝もとで繰り広げられた風景なのである。

この小名木川はウナギの好漁場で、その前は「宇奈岐沢」の名称がついていたほどである。しかも家康が運河として整備するため石積み土堤を築いたので、ウナギが入り込む穴、つまり「鰻の寝床」が無数にできたのである。

しかしすでに百万都市であった江戸で人気の高い蒲焼の素材となるウナギの供給が、隅田川河口と小名木川でまかなえたとは、とうてい思えない。ウナギ漁をする漁民の数とてたかがしれている。だから「江戸前」と称して隅田川の上流や利根川から運ばれた、いわゆる旅ウナギも使われていたに違いない。

千住で元禄年間（1688〜1704年）、赤穂浪士が本所吉良邸に討ち入りを果たした頃に創業したとされる川魚問屋「鮒䰗」の当主は鮒屋䰗兵衛を名乗っていた。近郷の農家から仕入れたウナギ、フナなど川魚を、地元料理屋はもとより、江戸市中に卸していたという。しかも将軍家にウナギを献上したそうである（朝日新聞連載「千住物語」）。それが「献上鰻」となったとすれば、これは江戸前ウナギではなく江戸後ろのウナギということになる。この史実は口伝だが、本来の江戸前にこだわったのは、わずかな鰻屋とわずかなグルメたちであったと考えるほうが妥当であるのかもしれない。

江戸時代から門前に鰻屋が多かった深川不動尊の近くで、名代の「宮川」を営んでいた宮川曼魚氏は、「大川（隅田川の両国橋と新大橋の間）と深川産だけで、江戸前蒲焼の需要をまかなうのは不可能なはず。とうぜん、旅鰻も使われていたに違いない。だから当時の鰻屋が誇称した『江戸前大かばやき』とはどうも『江戸風かばやき』という意味が含まれていたのではないか」という趣旨の解説をしている。

この話の前段はともかく、後半の部分は同業者としての庇護であろう。とかく世間様はブランドに弱い。ブランド米の販売量が生産量を上回るとされる現在となんら変わりはない。もし、偽物を出された消費者の大半がすぐに気づくほど味に違いがあれば、偽物は横行しない。区別がつきにくいからこそ偽物が横行する。偽物と知って仕入れ、高く売る業者がいる。「へい、きょうは江戸前のいいのが入っております」といって安い旅ウナギや江戸後ろのウナギを出す店もあったことだろう。

「だますやつも悪いが、だまされるやつも悪い」などと書けば顰蹙《ひんしゅく》を買うのだろうが、とかく世の中、そんなものである。ある夏、旅行で関東有数のアユ（鮎）の名所に出かけたときのこと、川沿いの店にはどこにも串刺しされたアユの塩焼きがずらりと並び、観光客は「ガイドブックにも書いてあったけど、やっぱりおいしいわねえ」とアユにかぶりついていた。ところがアユが妙に太っている。そこでその店の裏に回ってみると、四国の鮎養魚場の名前が書かれた発泡スチロールが山積みになっていた。すると、「なに見てんだよ」と叱られてしまった。

伊豆の高級旅館の夕食のお品書きに「地魚の刺身」と書いてあって、あきらかに養殖のシマアジ（縞鰺）とタイ（鯛）が出た。挨拶に出てきたマスコミにもよく登場するやり手と評判の女将に、「これ、本当に地の魚ですか」とたずねると、「はい、前の定置網に入ったものです」と平然と答えた。「そうですか。それじゃあ板場行って本当に地の魚か調べてほしい」と頼むと、嫌な顔をして部屋を出ていった。

しばらくすると「申し訳ございません。お客さまがおっしゃるとおり海が時化《しけ》できょうは養殖物を仕入れたそうです」と詫びを言いながら、「でもお客様のように区別がつく方は千人に一人いらっしゃるかどうかですよ。お目が高いですこと」と付け足した。その一言でプッツンと切れてしまった。「それじゃ女将は、九九九人をだませれば、それでいいんですか？　最初から『きょうは時化で養殖物ですが』と正直に言ってくれれば、それで済む話じゃないですか。ほかのお客は、地魚料理を看板にするこの宿が、まさか養殖物を出すとは思っていないでしょう」と声を荒げてしまった。天然物志向を逆手に取ってあざ笑うような、こんな商売を私は許せない。ちなみにこの宿は、数年後に経営に行き詰まったと新聞で報じられた。

それにしても先に述べた平賀源内は、女性の味もウナギの味も、その違いをしっかり識別できたのだから、すごい！　これは、けして揶揄《やゆ》しているわけではない。源内先生は、先天的に優れた味の識別能力、つまり発達した味蕾《みらい》をもち、日常的にその味覚を研ぎすましていたのだろう。

魚市場で、いわゆる「目利き」とされる人たちは、まずは視覚でチェックし、つぎにちょっとつまんで口に含み、味の違いを識別するためにたゆまぬ努力を積み重ねている。とにかく始終「食べ比べ」をしないことには、味の識別はまず無理。たとえ同じ産地でも、魚の味には個体差がある。化学調味料などない江戸時代に生きた人々の味覚は、複雑な化学調味料に翻弄される現代人より優れていたのかもしれない、ということである。

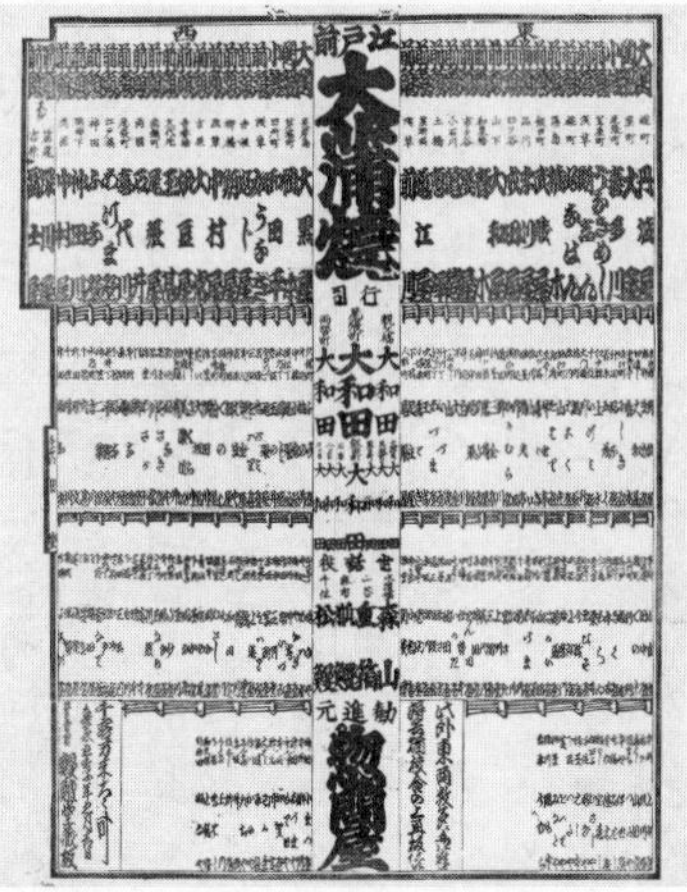

嘉永５年（1852年）江戸前大蒲焼番附
（都立中央図書館特別文庫室所蔵）

日本人の横綱が姿を消し、人気にかげりが出た相撲だが、江戸時代には、順位や格付けが相撲番付形式で書かれた、いわゆる「見立て番付」が流行った。ウナギにも「江戸前大蒲焼」の番付なるものが残っている。これはまさに鰻屋グルメランキングで、大関から前頭まで東西２００店余りが名を連ねている。浅草、柳橋、両国など隅田川沿いと、四谷、市谷など神田川沿いの店が目立つが、江戸市中に満遍なく鰻屋があったことがうかがい知れる。

さて、ウナギにそれほどまでに味の違いがあったのだろうか？　という疑問を考えてみよう。江戸前、つまり海もしくは河口で捕れたものが珍重されたのは、どうも塩分濃度が高い河口部のウナギのほうが美味い、ということに通じるようだ。エビやカニ、小魚など、餌が豊富なことがその理由と考えることができる。

一般的に、海に近いところに生息するウナギの背は青みをおびており、川にのぼったり、沼で捕れるものは茶褐色をおびているとされる。どちらの漁も経験した方に話を聞くと、「そりゃ問題になんないね。海で捕った鰻のほうが断然うまいよ。川の鰻はきれいな水で泥をすっかり吐かせちまわないと、どうも臭くていけねえよ」と断言する。また沖から上がってきたばかりのウナギは、腹が黄色味を帯びているという。そこで「胸黄＝むなぎ」がウナギの語源となったとする説もあるほどである。

だが、ひとくちに川といっても、河口から中流までほとんどが泥質の川もあれば、砂や岩盤の清流もある。したがって川のウナギだからといって、泥臭いとは限らないのではなかろうか。たとえば、四国の清流、四万十川に棲むウナギなどは、どう考えてもうまそうに思える。なにしろ高価なウナギだから、年に数回しか食べることがない身としては、自らの経験で天然ウナギの味を存分に語れないことがなんとも寂しい。

昭和の終わり頃まで、毎年夏になるとわが家には、利根川の漁師さんからウナギが送られてきた。しかも昭和30年頃までは生きたまま届けられた。だが割くのに難儀していることを先方が知ってから、白焼きにしたものが10本前後、大きさは、見たこともないような大物から、レギュラーサイズまでまちまちだった。「蒸してからタレにツケ焼いてください」と、これまた毎年決まった口上が添えてあった。

「太いのは大味で、骨っぽくてうまくない」というのが家族の一致した意見だったが、長男の特権で、私はいつも2尾のウナギを賞味できた。タレは父が知り合いの鰻屋から聞いて作っていたが、どうにもコクがなかった。コクというより醤油の味がとんがっていたのかもしれない。

父が横着をして、蒸さずにいきなりタレをつけて焼いた年だけは、家族からブーイングが出た。皮も身も硬く、養殖ウナギを蒸して焼いた味に慣れてしまったせいか、「これが天然物の本当の味だ」という父の反論も、「もう、こんな鰻なら食べたくない」という声に、翌年からはまた蒸すようになった。

浅草を舞台にしたNHKの朝の連続ドラマ「こころ」は、鰻屋の若女将がヒロインであった。ある日、舌の肥えた客が「老舗を誇るのなら利根川の下り鰻を食いたい。養殖鰻なら箸を付けないから出さなくていい」と言う。なんとかご所望の天然ウナギを調達して宴席に間に合わせると「やっぱり天然物は違いますな。身も皮もしっかりしている」と誉めそやす。だが、ヒロインは「ぜひ養殖も召し上がってください」と食べ比べをすすめるというシーンがあった。

近年、養殖技術の発達は目を見張るものがあるが、どちらが美味いかという問題は、最終的には個人の好みの問題になってしまうので断言は避けたいが、養殖物と天然物では、脂の乗りと身の締まり方が大きく違う。かつてもてはやされた養殖ハマチは、脂っこさから人気が薄れた。大海原を泳ぎ回るブリやワラサの脂はさわやかだが、狭い網の中で過密養殖され、運動不足と過食に陥ったハマチの身についた脂っこさは、しつこく舌に残ったものである。

ウナギも、成長を早めるために配合された餌をたらふく食った養殖物と天然物では、脂の質が違うし皮の硬さが違うように思える。

かつて、長良川の上流、水の町として知られる郡上八幡《ぐじょうはちまん》で食べたウナギも美味かった。ご主人の話によれば、もう天然物は捕れないので養殖物を使っているが、清流で一ヶ月は蓄養しているという。すると臭みが抜け、身がしまって余分な脂が出ないのだという。

ウナギに関しては、産地もさることながら、いかに手間ひまをかけ、心を込めて焼き上げるかで風味が異なる気がする。都内でも、井戸水でため池を作ってウナギを蓄養して出す店もある。また、近所の鰻屋の主人は、ウナギを焼きながら、骨抜きで小骨をていねいに抜く。「昔はみんなこうやったもんですよ。でもあんまり面倒なんで、骨なんか抜かなくなっちまったけど、小骨が口にあたると気分が悪いでしょ」と、大きな体をかがめながら、ていねいな仕事をしていた。それだけでも、舌ざわりが違うのである。

２０１３年の秋、ウナギ養殖のメッカである浜名湖で、久々に天然のウナギを食べる機会があった。板長が、「せっかくですから養殖物の特上も添えますんで、ぜひ食べ比べてください」と運ばれてきた長焼きの蒲焼き。この天然のウナギは絶品だった。味の深みが全く違うことに驚いた。これなら目をつむって食べさせられても判別が付くだろう。帰り際に顔を出した板長は、「どんなに養殖技術が発達しても、やっぱり天然物のほうがうまいでしょう」と笑っていた。

わが家の近くで、天然ウナギを主に扱う常陸屋という店があった。ウナギの顔を見れば、すぐさま産地を言い当てるという噂であった。しかし、東京近郊や利根川水系で、商いをするほどの天然物を確保できなくなり、店を閉じてしまった。下町には戦後もこうした気概のある川魚商がいたのである。

浜名湖産の天然鰻（下）

江戸時代、庶民が口にできた蒲焼は、喜田川守貞の『守貞謾稿』によれば「大道割き」とよばれる「ぼてふり（棒手振り）」のウナギであった。天秤棒の両端に、ウナギや「火起こし」を入れた箱をかつぎ、辻に立ってその場で割いて焼いていたという。商売としては、いわゆる辻売りである。天ぷら、握り鮨など、江戸の食文化の多くは、屋台やぼてふり、辻売りでまず人気を定着させ、やがて武士階級や豪商を顧客とする店舗に発展していったようだ。

## 深川と鰻

江戸における養鰻場発祥の地は、現在の東京の下町である江東区千田町にあった。古地図には、十万坪とか、千田新田と表記されている。宮城雄太郎氏の『日本漁民伝』によれば、ウナギ養殖の祖は、服部倉次郎（正しくは倉治郎）であるという。代々長州藩邸の川魚御用を務めた服部家の次男として嘉永6年（1853年）に生まれた倉治郎は、7反ほどの田をもっていたが、それでは生計が成り立たず、コイやフナを釣ったり、中川（現在の荒川）でウナギを捕っては長州藩のお屋敷に納めていた。

なぜこの地が江戸における川魚やウナギの蓄養場であったのかを説明しておこう。まずは川や海という漁場に近かったこと。中川に近く、中川と隅田川を東西に結ぶ小名木川や、南北に流れる大横川に近い。しかも西に木場を控えて無数の小さな掘割がある。東には葦の生い茂る砂村（現在の砂町）があり、大名たちの鴨猟場であった。運河や掘割の多くは石積みで、江戸前の海から上がったウナギの格好の棲みかになっている。運河川の両岸は葦や舟を係留したり堤防を保護するための杭が並び、コイやフナが居着くには絶好の場所となっていた。

しかも周辺には服部家が御用をつとめた長州藩ばかりでなく、深川でもっとも賑わいをみせた富岡八幡宮・深川不動尊まで歩いても15分程度の距離。参詣の人だけでなく、洲崎をふくむ遊郭があって川魚の需要がかなりあったに違いない。

もともと深川には、川魚を商う店が多かった。おおげさにいえば、運河や掘割に恵まれた下町は、さしずめイタリア・ベネチアのような「水の町」であったから、仕入れた川魚を生かしておく場所がいくらでもあった。このご時世で廃業があいついでいるが、深川を歩けば今でも、「川魚問屋」の消えかけた看板をそこかしこに見ることができる。ガイドブックには紹介されない、「かつて栄えた深川」の知られざる素顔である。

文献には残っていないが、江戸から大正期の下町を描いた絵や写真を見れば、服部家の川魚は、舟の生簀に積んで運ばれていたと思われる。やがて彼は高値で取引されるスッポン（鼈）の養殖を手がけるようになる。江戸幕府が崩壊し、明治2年になって養殖池を掘って人工繁殖にようやく成功するが、共食いしたり病気で大量死したりと苦難の道を歩む。

スッポンの養殖をはじめて3年後、ウナギの稚魚であるシラスウナギを採捕して、ウナギの養殖にも手を染める。ところが下町は地盤が低く、ちょっとした大雨で池が氾濫し、スッポンやウナギが逃げ出してしまう。また、夏は水温が上がって渇水や病気との闘いを繰り返し、明治20年に養殖の池を浜名湖畔の静岡県舞浜へと移す。きっかけは、倉治郎を乗せた汽車が浜名湖をとおりかかったとき、南に海、西に浜名湖、広大な平野を目にして「ここだ！」とひらめいたという。埋め立てでできた彼の住む千田町とは違って、治水の心配がないと感じたようだ。

浜名湖のウナギ養殖の開祖に関しては諸説あるようだが、服部倉治郎は、池に豊富な植物プランクトンを注入してウナギの活性を上げ、タニシ（田螺）やエビ（海老・蝦）を餌にする従来の原始的な餌から、当時は廉価でしかも豊富に手に入ったサナギ（蛹）を餌にすることで、企業化することに成功する。この手法が浜松のウナギを世に知らしめることになったとされる。地元の人々や水産試験場と技師たちの信望も厚く事業の拡大に成功したという。

倉治郎は深川の千田町でも養殖を続け、その後は隣町の石島町に移転したようだが、そこでのスッポンとウナギの養殖がいつまで続いたのかは記録に残っていない。

こうしてウナギの養殖は、江戸から遠州浜松へと移ってしまう。ちなみに服部家のご子孫は今もウナギとスッポンの養殖事業を続けている。

宮川曼魚は、「いつしか江戸前の鰻は姿を消し、養殖もの、移入物が主になってしまった」と歎いている。この経過をみると、江戸末期から明治の中頃までは、なんとか「江戸前鰻」の看板を出すことはできたが、さすがに浜名湖の養殖物が中心になってしまえば、鰻屋が「江戸前」の看板を掲げることは無理になった。つまり、ウナギの蒲焼から江戸前の冠が消えたのは、江戸に生まれた養鰻事業の開祖、服部倉治郎が養殖の地を浜名湖に移してしまったことが遠因になっていたのではなかろうか。そのウナギ養殖も、いまでは鹿児島県や愛知県三河にトップの座を奪われてしまった。さらにウナギの完全養殖に成功したとのニュースも伝わるが、高価な魚をめぐる養殖事業の展開は、まだまだ紆余曲折があることだろう。

曼魚氏は、それも含めて「江戸前うなぎ蒲焼」とは「江戸風うなぎ蒲焼」の意味をもっていたのではと推測している。となればこんにちの「江戸前鮨」は「江戸風鮨」と読み替えることが合理性をもつことになる。

それにしても宮川曼魚というお方は、ご近所だった方に伺うと、かなりの変わり者だったという。いつも赤ら顔で、ブツブツとつぶやいていたそうで、ある日突然、店を畳んでしまったそうである。

## 鰻飯の発祥

現在の鰻屋に置かれた「しながき」には、うな重、うな丼、白焼き、うざくなどが定番として並ぶ。御酒が好きな方は、蒲焼や白焼きを肴にちびちびとやる。だが、圧倒的な人気は、うな重とうな丼であろう。蒲焼は、温かいご飯とじつによく合う。和食の傑作のひとつと言ってもいいだろう。

だが、「江戸前大蒲焼」は、売り出し当初は串に刺して焼いた蒲焼のみであった。というのも天秤棒を担いで売った辻売りでは、飯まで炊いて出す設備はない。庶民はそれを買って家に持ち帰り「おかず」や酒の肴にしたので、蒲焼が登場してすぐに、うな重やうな丼が誕生したわけではない。その経過をみてみよう。

辻売りで蒲焼人気が定着すると、やがて寺社の門前や遊郭の近辺などでは、店を構えて蒲焼を売り出すようになる。そこでも当初は蒲焼だけを売っていたのだが、天明（1781〜1789年）の頃から「附めし」の看板が登場したとされる。だがこれも「別売りでご飯もありますよ」というだけのこと。

『俗事百工起源』に書かれたうなぎ飯の起源を曼魚氏が引用されているので、その要旨をご紹介しておこう。

江戸は享和（1801〜1804年）の頃、日本橋で芝居の勧進元をつとめていた大久保今助という人の大好物がウナギだった。大野屋という鰻屋へ毎日使いをやり、ウナギを百文ずつ買っていた。ところが仕事の都合で飯の時間が遅くなると蒲焼が冷めてしまう。そこで熱々のご飯を器に入れてウナギを買いに行かせ、その上に乗せて持ち帰らせた。するとタレがご飯に染み、温かさも保てた。

これがきっかけとなって、蒲焼をご飯にのせた「鰻飯」を売り出したところ大好評となり、一気に市中に広まったという。しかも大野屋が販売した鰻飯は、ご飯の間にもウナギを入れたもの。つまりウナギの蒲焼をダブルで入れたものだったというからなんとも豪華だ。これなら人気を呼んでも当然だろう。

まだこうしたうな重を出す店はあるが、私が30歳の頃、はじめてこの形のうな重を食べたときは、涙が出るほど感動した。取材で静岡県の海運会社の社長宅を訪れたとき、「鰻はお好きですか？」と問われ「はい、大好物です」と答えたところ、「それじゃ例のやつを」と秘書に命じた。しばらくインタビューを続けているところへ「お待ちどおさまでした」と立派なお重が運ばれてきた。「さあ、話の続きは後にして、冷めないうちにどうぞ」と勧められるままにお重に手をつけた。すると、なんと蒲焼が井桁《いげた》の形でのっているではないか。

「これは……」と絶句していると、「お若いんだからこのくらい平気でしょう」と社長が笑っている。そして上にのった蒲焼をご飯といっしょにいただくと、箸の先に柔らかな感触が伝わった。おもむろにお重を手にとってみると、下のご飯の中にも蒲焼が入っている。思わず箸が止まってしまった。客の驚きの表情を見るのが社長の趣味のようで、「まあ、東京でもこんなうな重はないでしょう」と柔和な顔を見せた。「これは特別な方にだけお出しする、うちの社長の特注品なんですよ」と秘書が言葉を添えた。生涯忘れることができない「私のうな重」だが、曼魚氏の「鰻飯」の起源を読みながら、あのときの豪華というか、豪快なうな重を思い出してしまった。

ところで、うな重を食べるとき、上にのった蒲焼とご飯をどうバランスよく食べるか苦労した経験はないだろうか。ウナギを先に食べてしまうと、タレだけでご飯を食べなければいけない。かといってご飯だけを先行して食べると、いかにも滅多に食べないご馳走と思われそうで、これまたいけない。しかしご飯の間に蒲焼がもう一枚入っていれば、無造作に箸を進めても、必ずウナギが口に入るわけだ。

天然ウナギが豊富な時代だったからだろうか、それとも吝嗇《りんしょく》を極端に嫌う江戸っ子の心意気なのだろうか、大野屋が掲げた「元祖鰻飯」は、さぞや江戸庶民に愛されたことだろう。これを「外食産業」というビジネスとして考えれば、ほんの小さな思いつきや工夫が成功に結びつくという典型である。毎年、土用の丑の日が近づくと、丼に申し訳程度の小さなウナギがのった現在のファストフードの店が出すような丼を、大野屋の主人が見たらどんな思いがするだろう。

江戸がさらに繁栄をきわめてくる天明に入ると、客が来てからウナギを割くのはもちろん、ご飯も客の顔を見てから炊きはじめるようになる。当然のこと時間がかかるから、客は店に入るとまずはひとっ風呂浴びてから二階に上がり、ウナギが焼き上がるのを待つ、といった段取りになる。なんともゆったり時間が流れるさまが目に浮かぶ。

今でも客の顔を見てから、当時と同じ手順でご飯を炊きウナギを仕込む店もあり、結構繁盛しているという。

「鰻と釜飯を催促するのは野暮で、田舎者のすることだよ。頼んですぐ出てくるような店は、ろくなものじゃないんだよ」と、明治生まれの気骨ある祖母がよく口にしていたのは、こんなところに理由があったようだ。

また、『絵本江戸みやげ』によれば、宝暦（1751〜1764年）になると隅田川の遊船の間を、ウナギの蒲焼を売って回る船があり、「吸い物あります」とも書かれていたという。すでに肝吸いがウナギには付き物になっていたようだ。

## メソッコ

メソとは鰻の幼魚である。メソッコともいう。いずれも東京の方言である。孵化した南の海から長い旅を経て河口に泳ぎ着き、稚魚から成魚になる前の段階で、一般的には商品にならない。この時期のウナギは食欲が旺盛で、夏にハゼを釣っているとはりによく掛かった。とくに現在の夢の島周辺ではメソがよく釣れた。小指ぐらいの太さで体長はせいぜい30センチ程度。メソは流通に乗らないから、鰻料理としては文献に残っていない。しかしこれとて立派なウナギ。下町には客が釣って持ち込んだメソをさばいて調理してくれる鰻屋があった。おやじさんは「毎年、めそっこを持ち込むお客さんがいるんですよ。ありゃ、ちいせえから素人の手にゃ負えないようだね。まだ近所の掘割でたまに釣れるみてえだねえ。割いて串に巻いて蒲焼にしてあげると、けっこう喜んでくれますよ。蒲焼にできるウナギほど脂は乗っちゃいないけど、一人前にウナギの味はするんだよね」という。

私がおすすめの食べ方は、メソの柳川鍋である。ある夏、ハゼに混じって2本のメソが釣れた。そこでメソを割いて、笹がきゴボウといっしょに煮て玉子でとじてみた。これが、ドジョウの柳川より美味いと評判で、メソの定番料理になったが、何度も作らないうちにメソが江戸前から姿を消してしまった。

## ウナギ漁

ウナギ漁は、細く割いた竹で編んで筒状にしたり、太い真竹で作るウナギ筒を仕掛けて置く方法が一般的だが、江戸前ではウナギ掻きという漁法があった。その様子は深川図書館が所蔵する『木場名所図絵』に描かれている（次頁）。小名木川と大横川の出合いで、川底の泥の中にいるウナギを引っ掛けて取る漁法である。この漁法はすでに江戸の文献に見えるが、戦後まで続いた江戸における伝統的なウナギ漁法のひとつである。

専業でウナギを捕る漁師も当然のことといたわけだが、ウナギ漁は庶民の遊びでもあったようで、ウナギの釣り方が江戸の釣り指南書にいく通りも載っている。ウナギは夜行性で、昼間は護岸の積み石の穴の奥や、泥の中に潜っている。この魚の習性をよく観察した釣り方がある。穴釣り、置きばり、数珠子釣りという三つの方法が代表的である。

穴釣りは、ウナギが潜んでいそうな穴に、太いミミズを刺したはりを竹の棒の先に結んで差し込み、ウナギが食いついたら素早く穴から引きずり出す。昭和20年代までこの釣りをしたという深川の古老に聞くと、ウナギがいる穴を見つけるコツがあるのだという。石と石のすき間をよく観察すると、ウナギが入っている穴の前には、ウナギが寝床を作るためにかき出した、砂や砂利がある。そんな穴を狙って餌を差し込めば、首尾よく釣れるというのだ。

置きばりという漁法は、竹の棒に餌の付いたはりを何本も結び、ウナギが通りそうな道に立てて一晩置いておく。翌朝、置きばりを引き上げると、ウナギやコイ、フナ、ナマズなどが掛かっているという寸法だ。悪餓鬼で鳴らした私の伯父は、他人様が夕方仕掛けた置きばりの位置を確認しておき、夜中にそれを上げてしまうという悪さをさんざ楽しんだという。ウナギをはりから外したら、また元通りに戻しておく。「この頃、置きばりにウナギが掛からねえよ」と歎く仕掛けた人の顔を見るのが楽しかったようだ。私が子どもの頃は、漁師が仕掛けたウナギ筒を引き上げてしまう悪童もいた。

深川亥の堀近くでのウナギ掻き漁
『木場名所図絵』（部分）

ウナギ釣りとして最もおもしろいのは、数珠子釣りという方法。ゴカイや「ドバ」と呼ぶ太いミミズを2メートルほどの絹糸に何匹も通してから、幾重にも手に巻いて20センチほどの輪にする。これを竿の先に結んでウナギがいそうな川や海の底にそっと下ろす。貪欲なウナギは、一度食いついたら放さない。また、絹糸がウナギの歯に絡んで外れ難くなる。ウナギが餌に食いつくと、ぶるぶるという手応えがくるので、静かに引き上げて大きな網ですくう。一度に何尾も捕れることがあったそうだ。

この数珠子釣りも江戸期に確立した釣り方だが、知り合いの大正生まれの石塚さんという古老は、子どもの頃からこの釣りの名人だった。「俺の家は貧乏だったからよ、小遣いは全部ウナギで稼いで、親からは一銭も貰ったことたあなかったね。『坊主が釣った鰻はよ、はりを飲んでいない上物だからいくらでも買ってやる』って常陸屋っていう天然鰻専門の川魚屋が全部買ってくれたもんだよ。終戦後、俺は米屋の丁稚奉公してたけどよ、番頭さんから『仕事はもういいから鰻釣ってこい』って言われて、夏の夜はよく数珠子釣りに行ったたねえ。闇の砂糖が手に入る伝《つて》があったから、先輩達にうめえ蒲焼をたらふく食わせたもんだ」と述懐する。昭和40年頃までは、深川地先から浦安、行徳方面にかけて、ウナギの好釣り場がたくさんあったそうである。

時代を経て昭和にいたるまで、ウナギ釣りは、一部の江戸っ子たちのマニアックな趣味として脈々と受け継がれてきた。いまは「海のダイヤモンド」と呼ばれるウナギの稚魚が激減し、中国やヨーロッパ産の稚魚が養殖されることも多いようだが、江戸前にウナギが、またいつの日か群れをなして戻ってきてほしいものである。

# 第3章　天ぷらと江戸前

江戸前が生んだ五大食文化のひとつが天ぷら。屋台の辻売りにはじまりお座敷天ぷらにいたるまで、ネタはすべて江戸前の海で捕れたものばかり。冷凍設備はもちろん保冷技術もなかった江戸時代の天ぷらだが、江戸前の海で朝捕れの食材ばかりで1串たったの4銭。庶民ばかりでなく武士もその味に舌鼓を打ったという。

プロが揚げる天ぷらは、まず玉子と冷水で合わせた「玉水《ぎょくすい》」を作り、これに小麦を溶いていく。この配合が微妙で、最後は長年にわたり培った勘に頼るしかない。また、使用する油の種類、揚げる温度によって仕上がりが全く違ってくる。彼らが揚げた天ぷらは、カラッとした衣で種のもつ旨味を封じ込める。アナゴなどは、箸で軽く押さえるだけで二つに割れなければいけない。そこにはまさに匠の技が凝縮されている。

これまで家庭では、熟練した料理人が揚げるようなさっくりした天ぷらを作ることは難しいとされていた。ところが近年、家庭の主婦でも失敗することなく、しかもカラッと揚げることができる天ぷら粉が売り出され、テレビコマーシャルでよく流れている。袋の裏に書いてある分量どおりに水で溶けばいいだけだからありがたい。「キッチンが油で汚れるし、カラッと揚がらないから天ぷらは苦手」とおっしゃる主婦が多かったが、素人でもまずまずの天ぷらが家庭で手軽に楽しめるようになり、売れ筋商品として人気を呼んだのは当然のことといえる。

これによく似た現象が江戸時代にも起こったのである。そこにいたる経過はつぎのとおり。

## 天ぷら文化と江戸

日本には2種類の天ぷらが存在することはよく知られている。ひとつは魚のすり身にゴボウなど野菜などの具材をまぜて練って揚げたもの。九州などで惣菜としての天ぷらといえば間違いなくこれ。東京では、この種の揚げ物を薩摩揚げと呼んでいる。もうひとつは、小麦粉を水で溶いた衣につけて揚げたもの。関東で天ぷらといえば後者になるが、かつては「東京揚げ」と呼ばれていたこともある。

関西出身の食物文化史を研究する学者の多くは、こうした傾向を「東京至上主義が地方の文化を駆逐する」と批判する。私もこの説に異論はない。最近の大手スーパーやデパートの「地方名産品売り場」では、逆に地方文化に価値を見出し、イワシの稚魚をすり身にして揚げた「じゃこ天」など、地元の呼び方のままに売り出している。

私が江戸前を論じようと思いたった動機のひとつは、「まやかしの江戸前」が横行することへの腹立ちにあった。同時に、本来の江戸前でないものを「江戸前」として取り込むことは、隣接する各県に育まれた歴史や郷土の食文化を貶《おとし》めることにほかならず、そうした風潮に警鐘を鳴らしたかったからである。

東京に生まれ育ってみると、東京弁が標準語であると錯覚し、あらゆる文化は東京発だと勘違いする傾向があることを自らの戒めとしている。三代続けば江戸っ子といわれるが、たかだか三代である。地方には何十代も続いた旧家がたくさんあり、独自の文化や食文化を受け継いでいる。そういう基礎があったからこそ、東京でアレンジし、発展させた文化がたくさんあることを忘れてはいけないと思う。

話は横道にそれたが、現在の天ぷらのルーツは、関西が発祥とされる「つけ揚げ」、つまり、粉を水で溶いた衣をつけて揚げたものである。それが江戸に伝わったとされるのは、遅くとも安永年間（１７７２〜１７８１年）とされている。

その経過を示す文献としては、山東京伝の弟、京山が書いた『蜘蛛の糸巻』に紹介されたエピソードがある。このお方、深川木場の質屋に生まれ育った私の「同郷の先輩」ということになる。これは江戸の物知り読本、喜多川守貞が書いた『守貞謾稿』にも引用された逸話である。

天明（１７８１〜１７８９年）のはじめ、大阪で食い詰め、女を連れて江戸へ逃げてきた道楽者の利助という男が山東京伝の近所に住んでいた。いつまでもぶらぶらしているわけにもいかないので、京伝に「大阪には魚などを材料にした『つけ揚げ』という食べ物があるが、江戸には野菜の胡麻揚げはあっても、魚の揚げ物はない。これを商売にしてみようと思うがどうか?」と相談をもちかける。試食してみた京伝は、「これならいける。まちがいなく売れる」と太鼓判を押す。利助が辻売りに使う看板を書いてくれるよう頼むと「天麩羅」と書いた。そのいわれを利助が聞くと「麩」はふすまで粉を意味し、羅は衣。天はおまえのようにふらふらしている天竺浪人と答えた、と書かれている。

まあ、かなり怪しいこじつけ話で、『守貞謾稿』でもこの語源には疑問を呈している。ことの真偽はともかく、この一文は、魚介を揚げる天ぷらは天明時代以降だとしても、野菜をごま油で揚げる、いわゆる精進揚げは、それ以前から江戸には存在していたことを教えてくれる。

果たして利助の天ぷら辻売りは、商売としては大当たり、大成功をおさめる。ひとつ4銭で売りだした天ぷらは、夜毎売り切れごめんの繁盛で、しばらくすると同様の商いをするものが街にあふれたと記している。蒲焼に比べれば調理時間も短かったに違いない。江戸の町におけるファストフードの一業態として隆盛をきわめた。いつの世にも目先の利く人間はいるものである。

この辻売りの天ぷらは、串に刺して客に出していたことが知られている。種に関係なく1串が4銭で、勘定は串の数を数えたことが江戸川柳にも残っている。だが、これが刺して揚げたいわゆる「串揚げ」なのか、それとも揚げたものを串に刺して供したのかは不明である。辻売りでは、割り箸なんぞは当然ないし、熱々を手でつまむわけにはいかない。この串も使いまわしていたのではなかろうか。というのも、当時の風俗画などを見ると、天ぷらはけっして高級な食べ物ではなく、しかも清潔ではなかったようである。当時の川柳に、橋のたもとの屋台のおやじは、「天ぷらを揚げた手　擬宝珠（橋の手すりの先端の飾り）にこすりつけ」とある。また、武士とおぼしき者が、顔を隠すように手ぬぐいで頰被りして食べている画も残っている。そこまでしても食べたいほど美味かったのだろう。

これも鰻の蒲焼同様、最初は辻売りではじまったが、幕末の文化年間（１８０４〜１８１８年）に入ると雨後の筍のように、あちらこちらで天ぷらの露天売りが広まったとされる。江戸の町はすぐ前が海で、天ぷらの種となるエビやイカ、小魚などが豊富に捕れたし、水で溶いた小麦粉につけて揚げるだけという手軽さに、参入する者が一気に増えたようだ。

もともとは小さな村落だった江戸が、家康が幕府を開いて以降、世界有数の百万都市に発展した。参勤交代の制度がしかれ、地方大名の下屋敷がたくさんできた。西国出身の大名の下屋敷や、周辺に住むお供の武士やご用人たちから「天ぷら」や「つけ揚げ」といった上方の郷土料理が江戸に伝わる。こうして地方の文化、食文化が、豊かな江戸前の魚介を素材にアレンジされ、爆発的人気を博すことになった。これが江戸前天ぷら隆盛に関する経過のようだ。

ところで「天ぷら」という言葉の初出に関しては諸説がある。「なんで天ぷらが江戸前なの？　ポルトガルから長崎にキリスト教といっしょに伝来したはずなのに……テンペロが天麩羅になったんじゃないの」という疑問がある。私も小学校の頃、外来語の学習でそんな語源を習ったような気がする。

ポルトガルから長崎に伝わったとされる天ぷらは、南ヨーロッパの料理の一種で、洋菓子のように味をつけて揚げるもの。天つゆを必要としなかったばかりか、冷めてから食べるのが正式な食べ方とされていたという。その後、京や大阪以西で「天ぷら」と称したのはこの流れで、魚のすり身に野菜をまぜて揚げたものが主流となっていく。

天ぷらに関してそれ以外に、中国は唐の時代、寺に野菜を油で揚げる精進料理として伝わったという説もある。

水で溶いた小麦粉につけて揚げるという手法が定着すると、辻売りばかりでなく料理屋でも江戸前天ぷらを出すようになる。文久3年（1863年）に浅草黒船町の福井《ふくい》扇《せん》夫《ぶ》という人が「せんぷら」という名で大名屋敷などに器具を持ち込んでネタとなる鮮魚を揚げて出したのが、巷で「大名天ぷら」と呼ばれるようになる。これがお座敷天ぷらの起源とされる。多少贅沢ではあるが、揚げたてをいただくには、これに勝るものはない。

江戸時代で天ぷらにまつわる話といえば、「グルメで知られる徳川家康は、鯛の天ぷらを食べて腹をこわして死んだ」というエピソードだろう。だが私がこよなく愛する真鯛の名誉のために言っておくと、家康が食べたとされるのは「興津《おきつ》鯛《だい》」、つまりアマダイ（甘鯛）だったのである。真鯛に比べて身が柔らかいので、生で食べるよりも蒸すか昆布締め、あるいは干物などにしたほうがうまい魚である。

アマダイといえば、若狭地方の方言であるグジが有名だが、駿河湾もアマダイの宝庫。ちなみに相模湾、東京湾でもアマダイはたくさん捕れる。いまでも冬場はアマダイを専門に狙う釣り船が出ている。関東や東海の海で多く捕れるのはアカアマダイ（赤甘鯛）で、最高級とされるのはシロアマダイ（白甘鯛）で「しらっかわ（白皮）」とも呼ばれる。ほかにはキアマダイ（黄甘鯛）が生息している。

また、家康が駿河の国に隠居してこの天ぷらを食べたとされるのは、御歳70歳というご高齢であった。現在の平均寿命に換算すれば90歳に近いのではなかろうか。たまたま趣味の鷹狩に出かけた折、京都の豪商・茶屋四郎次郎に「最近、なにか珍しい話は？」と問うた。すると「京では、鯛を榧《かや》の油で揚げて上に韮をのせたものが流行っております」と答えたところ、さっそく地元名産アマダイで試して食中りを起こし、それが原因でこの世を去ったとされている。

当時家康には40人もの側女がいたというから驚きである。だから家康はこの料理をどうも精力剤と勘違いしたのではなかろうか、という話さえある。英雄、色を好み美食を好むのは、古今東西共通のようである。

ここで、使った油は榧から取ったとされるが、衣にはなにを使ったのか定かではない。豊臣秀吉が食べたという天ぷら（てんぽうら）に使われたのは、胡椒や丁子の粉であり、それを炒めたというのだから、天ぷらと称したものが果たしてどんな食べ物であったのか全く不明である。

　ちなみに現在も榧の実から取った油を使っている天ぷら屋がある。千代田区神田須田町の「天兵」で、店主の井上孝雄さんの榧の油へのこだわりは半端じゃない。

「家康さんが榧の油で揚げた天ぷら食って死んだってのは俗説だよ。本当の死因は癌だぜ。榧の油に中《あた》ったんじゃねえよ。榧の実は元々は漢方薬に使われるほどで、酸化しにくいし、胃もたれしない利点があるんだよ。土佐の高知で榧の栽培に熱い人がいてさ、今はそこから仕入れてるけど、季節に応じてごま油なんかをブレンドしてるよ。榧の油はいくら食べても不思議に胃にもたれねえんだよ。たまに『今日はどうも腹の具合が悪いから』って言う客が来るけどさ、ウチは漢方医じゃねえって言うの」と笑い、鍋に気を配りながら話してくださった。

神田須田町　天兵

高知産の榧の実

　ここで揚げ物にまつわる雑学をひとつ。居酒屋などで「唐揚げ」というメニューを目にすることがある。なにやら中国伝来の臭いがする。だがこれ、「空揚げ」と書くのが正しい。衣をつけない素揚げだから「空」揚げである。また、巷で目にする「天婦羅」の看板は当て字とされる。この文字を当てるようになったいきさつについては不明であるが、女性をこよなく愛する江戸時代に天ぷら屋の店主が考え出した洒落とされている。

## 素材が命の江戸前天ぷらとハゼ

東京揚げとも呼ばれる天ぷら文化が花開いたのは、前述したようになんといっても江戸前の豊かな海があったればこそである。小アジ、イワシ、コウイカ、クルマエビにシバエビ、アナゴ、シロギスなど、天ぷらで賞味するには絶好の種がいくらでも捕れた。アナゴや貝柱も使われていた。貝柱とは、バカガイつまりアオヤギの柱のこと。これは「かき揚げ」として売られていた。ちなみにこれは、細かい種を小麦粉を溶いた衣でまとめ、菜箸で掻き集めて揚げるから「掻揚げ」と呼ぶ。

江戸前の天ぷらで忘れてはいけないのがメゴチ。雌鯒と書く小さな魚だが、コチの仲間ではない。シロギスを釣っているとよくはりに掛かる魚のひとつ。関西ではガッチョと呼ばれ、せっかく釣れても捨ててしまう人が多い。東京湾でもめっきり少なくなったが、頭を落として中骨だけ外す「松葉下ろし」にしてから揚げる。淡泊だが独特の風味がたまらない。

こうした天ぷらの素材に関してだが、「鮨以上にネタ（種の倒語）が命」という料理人もいる。できれば活けで揚げるのが最上とされる。冷蔵技術がこれほど発達した現在でも、死んでしまった、いわゆる「上がり」の魚やエビと、活けのネタでは甘み、食感、仕上がりがまるで違う。活けの魚介は高温で加熱すると身が反り返る。それでいて小骨も「上がり」に比べて柔らかく仕上がる。また、生で食べるよりはるかに甘みを感じるのは、魚でもエビ、イカでも同様である。それが、「天ぷらはネタ七、腕三」とされるゆえんでもある。

最近の天ぷら屋はネタの種類が豊富になっている。たとえばイカだが、大衆的な店ではスルメイカやロールイカ（通称、バカイカ）を使うが、高級な店になるとヤリイカ、スミイカ、アオリイカ、ケンサキイカなどを揚げてくれる。なかには伊勢海老を揚げてくれる店もあるが、目玉が飛び出すほどのお値段で、庶民にはとても手が出ない。

もともと安くて豊富な江戸前のネタを揚げる江戸の町民たちの食べ物として発展した食文化だが、料理人たちがさまざまなネタを揚げて客に供するようになっていった。だが、深川で生まれ育った私にとって、天ぷらといえばなんといっても「江戸前のはぜ」にとどめを刺す。たとえお国自慢と笑われても、江戸前で釣ったハゼの天ぷらは絶品であった。とくに「けたはぜ」とよばれる、産卵の準備で深みに落ちた大型のハゼの天ぷらこそが忘れがたい味である。先にも述べたが、海苔篊《ひび》の中で釣ったものが極上であった……。

ハゼは早春に生まれ、翌年産卵を終えるとほとんどが短い一生を終える。夏の初めになると7、8センチになってはりに掛かるようになる。だが、誇り高い江戸前釣り師たちは、小さなハゼには手を出さず、秋の彼岸になってからおもむろに竿を出す習慣があった。しかも、「彼岸の中日に釣ったはぜを食べると中気（脳溢血の後遺症としての半身不随）にならない」という言い伝えがあった。こどもの頃、亡くなった爺ちゃんから彼岸になると「はぜを釣って来い」と言われ、餌代と小遣いをもらい、大手を振ってハゼ釣りに出たものである。その爺ちゃんだが、皮肉にも脳溢血で倒れ、意識を回復することなくあの世に旅立っていった。たしかに中風にはならなかったから、迷信も良しとしよう。

陸《おか》っぱりとよばれる岸辺からのハゼ釣りが賑わいをみせるのは真夏である。まだ空揚げにしかならないサイズだが、骨ごと食べることができるデキと呼ばれる小さなハゼは、それなりの風味を味わうことができる。

初冬になるとハゼは18センチ前後に育つ。この頃からハゼは、夏のように簡単には釣れなくなるが、味はだんぜんうまみを増してくる。天ぷらによし、正月用の甘露煮によし。釣ったハゼは、船べりのびくに入れておき、水箱という木製の魚入れで持ち帰る。この時期になるとハゼの体表にぬめりが出るようになり、小一時間なら水を切っても生きている。台所の流しに空けると元気よく動き回る。首根っこを押さえつけ、つぎつぎと首をはねて三枚に下ろすが、首だけがいつまでも動き、小さな魚ながらその生命力の強さに驚かされる。

これを揚げると皮が縮み、身が反り返る。それが活けの魚だけに見られる特徴であることを知るのは、後年になってのこと。当時、ハゼを揚げれば反り返るのが当然だと思っていた。死んでしまって時間が経ったハゼは、きれいに平たく揚がる。しかしそれが鮮度の落ちた証しであるとは知らなかった。

わが家ではハゼを1束《そく》（100尾）も揚げて大皿に盛っても、瞬く間になくなってしまう。だから父、母、そして私が台所に立って交代で揚げ、熱々を頬ばる。ハゼは身が軽いので、いくらでもいけてしまう。

父から習った天ぷらのコツは、「衣を厚くするな」ということ。「衣の中のハゼの身が見えるようじゃなきゃいけない」と教えられた。すでに死語になってしまった、「天ぷら学生」という言葉があった。見かけだけで中身がないことの例えだが、蕎麦屋の天ぷらそばにのっているエビの天ぷらが、厚い衣におおわれ、中に申し訳程度の細いエビが入っていることから発したようだ。

江戸前の天ぷらは、そんな野暮はご法度だったのである。

さて、東京湾の埋め立てがすすみ、江戸前のハゼが壊滅的な打撃を受けてから、父はハゼを追って利根川など千葉県や茨城県を流れる川の河口へ足しげく通った。たしかに江戸前ハゼの倍はあろうかという大きなサイズがたくさん釣れた。だがその味は江戸前とは比較にならなかった。家に持ち帰り天ぷらにしてもほとんど手が伸びない。身が柔らかすぎて、甘みや風味も少ない。後年、私もその方面に出かけ、生かして持ち帰って天ぷらにしてみたが、昔食べた江戸前物には、遠く及ばなかった。

現在では、仙台松島周辺のハゼが、江戸前物と風味が似ていて美味しいが、網で捕って東京へ活けで直送してもらうと、キロ当たり1万5000円にもなってしまう。活けの天然物の真鯛の倍以上の値段である。昭和の終わり頃、釣り人料理の本を作るとき、松島から活けのハゼを2キロ取り寄せ、盥《たらい》に入れて外に出しておいたことがある。ところがその夜、突然の大雪に見舞われ、翌朝には全部死んでいるのを見つけて愕然となった苦い経験がある。

ただ、ハゼの天ぷらを店で出すようになったのが、いつの頃からかは不明である。なにしろ、ハゼといえば誰にでも釣れる魚の代名詞であったから、ネタとしては下級品だった。だから下町では、「ハゼの天ぷらで金取ったら、お客さんが怒るでしょうよ。ハゼは、自分んちで揚げて食えば十分」とされていた。

昭和45年頃、かつてはハゼ釣りの人でにぎわった荒川に架かる葛西橋の近くにできた天ぷら屋の「縄松」がハゼを出すというので何度か出かけた。すでに当時でもシロギスよりも値段が高かった。「いまやハゼは高級天ぷらネタになっちまったからね」と言っていた江戸前の漁師だった親方も亡くなり暖簾を下ろしてしまった。

## 揚げ油とつけ汁

江戸前の天ぷらには、ごま油が使われていたことから、古くからの暖簾を守る店では、いまも純正ごま油、しかも高級な白絞め油を使っている店が多い。ごま油の風味が新鮮なネタとじつにマッチする。最近ではあっさりした風合いを求める客のニーズに応じて、ごま油にサラダ油をブレンドする高級天ぷら店も少なくない。和食の老舗である「なだ万」の天ぷらも、このスタイルをとっていた。

ところで江戸時代、一世を風靡した天ぷらを風俗画で見る限り、辻売りの天ぷらは、どうもなにもつけないで食べていたように見える。酒もいっしょに売っていたようだから、酒の肴には、せいぜい塩を振ったか、あらかじめ塩で締めたネタを揚げていたのかもしれない。

江東区にある深川江戸資料館に展示されている下町の長屋の隅に、天ぷらの屋台が置いてある。これは何度も見ていたが、この原稿を書くために改めて出かけてみた。串に刺して揚げ、大皿に並べた脇に置いてある壺を覗き込むと、なんと「揚げ玉」が浮いている。係りの方に聞いてみると、揚げたての天ぷらをつけた「天つゆ」であるという。

屋台の天ぷら（深川江戸資料館）

串揚げの天ぷら（深川江戸資料館）

私はこの壺を、食べ終わった串を入れるのだとばかり思っていた。

最近の天ぷら屋では、天つゆのほかに塩、レモン、抹茶塩などが出ることがある。もともとは塩を振って食べていたが、戦時中に配給された油が悪く、臭みをとるために天つゆを出す店が多くなったという説もある。

下町の家庭では、大根おろしや、下ろし生姜に生《き》醤油《じょうゆ》という組み合わせが多かった。

昭和40年代、私が天ぷら船の船頭のアルバイトをしたときも、天つゆではなく、醤油を出していたように記憶している。いまでも家で揚げるときは、私は天つゆではなく生醤油で食べることが多い。

## サトウハチローと天ぷら船

江戸時代から隅田川の川筋では、屋形船で料理を楽しむがことができた。天ぷらが流行りだすと、船上で揚げるサービスも登場する。あらかじめネタを仕込んでいくが、なかには投網を打って、釣りたてを揚げることもあった。しかし、こうした粋な遊びは贅沢だとして、幕府が屋形船の禁止令を出すこともあった。それ以外にも、屋形船が現在のモーテル風に男女の営みの場として利用され、逢い引きではなく売春が行われたことも理由であったようである。

明治以後、公然と復活した屋形船での舟遊びは今日まで続いているが、最も人気が高いのが天ぷら船である。江戸前の天ぷら船の売りはなんと言っても「食べ放題」。お客さんが「もう食べられません」というまで揚げ続ける。飲食ビジネスにおける食べ放題の元祖と言えよう。ただ、看板には食べ放題とはうたっていないところが、江戸文化伝承の奥ゆかしさと言ったら、地元贔屓と非難を受けるだろうか。

昭和後期になると豪華な屋形船で東京湾に繰り出して「天ぷら食べ放題、ビール飲み放題で1万円」という船宿も多くなった。しかもこれに刺身の舟盛りが付いたりする。

江戸前天ぷら船の歴史に関して書かれたものは、ほとんど残っていない。また、私たちが通った船宿は、釣りを目当てとする客がほとんどで、釣り人たちは昼飯を食う間も惜しんで竿を握る。釣りも天ぷらもという客は、ほとんどが船宿の貸し道具を使う、いわゆる「とうしろう（素人）」だとばかにする傾向があったから、釣りの本に紹介されることもほとんどなかった。

釣りをこよなく愛した髭の詩人サトウハチロー氏は、見かけによらず愛妻家で家族思いの温かい詩をたくさん残している。彼が終戦前から毎年、千葉県の浦安から天ぷら船を出して楽しんでいた様子を、奥様の房枝さんが綴っておられる。彼女とは一緒に釣りに行ったことがあるが、奥ゆかしい方であった。ハチロー氏の定宿は山本周五郎の名作『青べか物語』のモデルになった「船宿千本」こと「浦安吉野屋」である。

昼飯どきになると、船頭は船の中央に船板でにわか作りの食卓を用意する。それから天ぷらの仕度にかかるが、こうなると魚釣りをしていても落ち着かない。そこでハチロー氏は、船をもう一船チャーターし、食事はそちらの船に用意させた。アサリがたっぷり入った味噌汁、それに天ぷらの用意が整うと、「はあ、先生、飯の用意ができましたかんね！」と船頭が声をかける。すると全員でそちらの「食堂船」に乗り移って食事をする。天ぷらをたらふく食べると、またもとの船に戻って釣りにいそしむという、ちょっとばかり贅沢な遊び方をしていたそうだ。船上で食べる揚げたての天ぷらの味は格別であったというが、ここでは釣ったばかりのハゼをたっぷり食べさせてくれたようである。

浦安の船頭は、お客の頭数に間に合うだけのハゼを必死の思いで釣っていた。それでも数が足りない日は、その日ハゼを一番たくさん釣っているお客に頭を下げながら、「お客さん、申し訳ねえがハゼを少し出してくんねえかね。ちっと昼に足んねえんですよ」ともらいうける。吉野屋の現在の当主である吉野眞太郎さんがまだ30代の頃、天ぷら船を仕立てたことがある。桟橋で「ハゼの天ぷら、腹いっぺえ食ってきてくだせえまし。もしハゼが足んねえようなら、うちの船頭は海に潜ってでも捕ってきますから、しんぺえねえですよ」と冗談半分で見送ってくれた。

浦安も江戸前も、食べ残した天ぷらはお持ち帰りの土産になる。それほどの量を揚げるのだが、ある日、小便をしようと船尾に行ったとき、船頭の弁当を見てびっくりした。当時「どか弁」と呼ばれたアルミ製のどでかい弁当には、お新香と梅干だけだった。それに残り物の冷えたアサリの味噌汁、番茶だけの質素というより粗末な弁当である。けして天ぷらには手をつけない。これはどの船宿でも同じであった。

## 天ぷら船の船頭体験記

私がまだ若かった昭和40年代、なじみの船宿の親方から、天ぷら船の船頭のアルバイトを何度か頼まれたことがある。「なにも素人の俺じゃなくたって、ベテランの船頭がいくらでもいるんじゃねえかよ」と言うと、「船はやれても天ぷらをうまく揚げられる船頭がいねえんですよ」と親方は頭を掻いていた。船の操縦に資格制度が導入され、私も海技免状を持ってはいたが、客を乗せた経験なんぞは一度もない。

「お台場に船を持っていって、ハゼを釣らせている間に天ぷら揚げてくれればいいだけだから頼むよ。もう客は受けちまって、いまさら断れねえしさ……。俺もすぐ近くで船をやってるから心配ねえよ」と親方にもう一度、頭を下げられてしまった。

人に頼まれると、嫌とは言えない下町気質と、小遣い銭欲しさで引き受けることにした。夏の終わりだったので、ダボシャツにステテコ、ゴム草履を履き、頭には鉢巻というにわか船頭姿で、20人近い客を乗せて深川河岸を後にした。イカ、エビ、アナゴの他にレンコンなどの天ぷらネタもたっぷり仕込んでおいた。ハゼだけは自前で釣ることがお約束である。

船が出るとすぐ、客は一升瓶の栓を開けてコップ酒でぐいぐいと飲み始める。20分も船を走らせてお台場に着き、まずはハゼを釣ってもらうのだが、ほとんど全員が素人なのでなかなか釣れない。「船頭さん、1匹も釣れないよ。ほんとにハゼ、ここ居るの？」と聞かれてむっとした。

そこにハゼがいるのは先刻承知。船を舫《もや》って自分も竿を出してみたが、いくらでも釣れるではないか。

「ほら、お客さん、ハゼはいくらでもいますよ」

「でも、ハゼがいるのは船頭さんの下だけじゃないの」と、客は、へらず口をたたく。

人数に見合うだけのハゼをなんとか釣って一息つくと、近くにいた親方が「早く天ぷらを揚げ始めろ」と合図を送ってきた。昼食にはまだ2時間近くもあるが、指示どおりに釣ったハゼをおろし、準備にかかった。20人前の天ぷらを揚げるなんていうのは初めての経験だったが、天ぷら用の銅鍋にたっぷりの油を入れ、プロパンガスのコンロに火をいれた。衣を溶いてネタを次つぎと揚げて皿に盛っていく。もうひとつのコンロで味噌汁を作り、やかんには湯を沸かし、お茶の用意もぬかりなく済ませた。

正午の時報に合わせるように「お客さん、そろそろ飯にしましょう」と声をかけ、天ぷらや味噌汁をお出しする。その間も天ぷらを揚げ続けるのだが、まあ、船の上でお客さんがみせる食欲にびっくりした。いくら揚げても間に合わない。揚げてもすぐに平らげていく。どうやら皿に天ぷらが残りはじめたのは、食事をはじめて1時間以上も経ってからのこと。

お客さんがようやく食べ終わった食器を下げてから、出船前に女将さんが作ってくれたシャケ弁当をぱくつくが、目の前の山盛りに残った天ぷらには、ついに手が出なかった。揚げ油にあたってとても食う気にはならなかったからである。天ぷら船の船頭たちの質素な弁当も、もしかしたらこんな生活の知恵だったに違いない。

# 第4章　鮨と江戸前

江戸前の鮨といえば、現在は握り鮨の代名詞である。関西の箱ずしや発酵を待つ熟れずしと違って、江戸時代は「早ずし」とも呼ばれたファストフードの元祖。重箱に納めた高級ずしは賄賂にも使われ、すし職人が投獄されるという歴史を含めて鮨の変遷を見直してみると、豊饒の海・江戸前の果たした役割がはっきり見えてくる。

北は北海道から南は沖縄まで、全国どこに行っても見かける「江戸前鮨」の看板。今や江戸前という言葉は鮨の枕詞のように使われている。もはや東京だけの専売特許ではなくなってしまった。しかも大衆的な回転鮨や宅配鮨が大流行で、その土地ごとに地の魚や貝、カニやエビなど多彩な素材をネタにリーズナブルな値段で楽しめるようになっている。これまで何度も述べてきたように、本来は漁場を指す言葉であった江戸前が、「江戸風」というニュアンスに変わってしまったのは、じつは鮮魚を使った握り鮨の全国的な広がりによるところが大きい。

さらに掘り下げれば、全国に江戸前鮨が広まったのは、関東大震災や東京大空襲で焼け出された鮨職人が東京の復興に見切りを付け、習得した握り鮨の技を故郷に持ち帰って暖簾を揚げたことによる。取材や旅行先で鮨屋に入ってみると、新鮮な地魚を使った握りは確かに美味い。江戸の鮨屋が江戸前で捕れた新鮮な魚介を使ったように、地方ごとの鮮魚はその土地に行かなければ食べることができない。

ところで江戸時代、鰻もしくは蒲焼の代名詞であった江戸前が、いつ頃から鮨に取って代わられたか、かねてからの疑問であった。

『すしの本』を書かれた篠田統《しのだおさむ》氏がこの点に触れている。東京・日本橋「吉野鮨」の主人吉野昇雄《ますお》さんの話として「元来鰻屋が言いはじめたのを、江戸喰物重宝記に出てくる地曳きずしがまねして、すしにも使いだした。しかもそのころから鰻屋は江戸前という字をあまり使わないようになったので、おかしな話だ」と書いておられる。江戸前が鰻から鮨に変わった経緯については、業界のタブーとばかり思っていたが、やはり目先の利いた人が考え出したキャッチコピーとしての意味合いがあったようである。

だが残念なことに、握り鮨に最初に「江戸前」の冠を付けたとされる「地曳きずし」の存在が分からない。吉野昇雄氏の御子息にもお会いしたが、「親爺からそんな話は聞いたことねえなあ」とのことである。

ちなみに「すし」とは『和名類聚鈔』に「酸《す》し」が語源とあり、漢字には鮨と鮓の文字があるが、この本では基本的に鮨を使わせていただく。寿司はもちろん当て字である。

## 江戸前鮨は糞尿まみれのなれの果て？

『すしの本』は、食文化史を総合的に研究され、すしの発祥、各種すしの分布から生化学、発酵学にいたるまで精緻に書かれた学術書的色彩の濃い本である。一方、読む者を引きつける平易な表現がうれしい。篠田氏は冒頭で、明治以降に書かれたすしの本は、「握り鮨こそ鮨である」と書かれたものばかりで、日本各地に伝承されてきた優れた食文化、保存食としてのすしの考察がなされていないことに、怒りを込めてアピールしている。

その怒りは、江戸前鮨への八つ当たりとさえ思われる記述があるのでご紹介しておこう。それには「握りずしの歴史はこの一二〇年くらい」と沿革を説明したあとに書かれている。

「それに、江戸前の魚がどうのこうのといったって、館山沖に都民の排泄物がプカプカ流れ、夢の島でハエを大量生産している今日、それこそ『うちの魚は絶対に江戸前じゃネェ』という保証のほうがほしいようなもの。お客のマゾヒズムに媚びて、すし学ならぬ鮮魚学をふり回し『気っ腑のいい江戸っ子の兄ちゃん』を気どるのは、いささか時代にずれているのではないだろうか。漬け台の前に腰掛けて職人の太平楽を聞きながら握りたてをほおばるムードも悪くはないが、それもこのごろのお値段じゃネェ、ということになる」

著者である篠田氏は大阪の出身。京都大学理学部化学科を卒業後、大学院も出ておられる、すし研究の第一人者であった。その先生が「東京風握り鮨」をここまでぼろくそに書かれた理由だが、すしについて書かれた書物の大半は東京風の握り鮨以外を「ことごとく家庭用か田舎ずしだと頭からけなしつけてかかった」ことによるらしい。だから「そんな東京人の夜郎自大の鼻息にはおかまいなく、京都ではサバずしが、大阪では箱ずしこそが本来のすしである、という見識があって、家庭も業者もそれぞれその土地在来のすしに傾倒していたのだ」と、すし文化の固有性を主張しておられる。

この本で本来の江戸前を紹介しておきたい趣旨は折に触れて書いてきた。それは、江戸前こそが文化の中心なのではなく、房州や相模など隣接する郷土の歴史や伝統を侵してはいけないとも述べてきた。それだけに篠田氏の考え方には基本的には賛同する。しかしである。ここまで江戸前をぼろくそに言われてしまうと、江戸前の愛好家としては、多少の反駁をしておきたくなる。

すしに関して書かれた本には、この本が参考文献としてしばしば登場する。まさに参考になる部分だけの紹介であって、なぜか篠田氏の説に対する反論は見あたらない。大先生に対して私ごときが不遜であると承知の上で、売られた喧嘩はとりあえず買っておこう。

江戸っ子、江戸前という言葉は、それまで江戸のあらゆるものが京や大阪、つまり「上方」と呼ばれる地方からの「下りもの」であったことへの反発というか、コンプレックスから江戸中期に生まれたとされる。「くだらねえ」は、「江戸にも下ることができないもの」が語源とされている。確かに江戸・東京の歴史や文化は、高々400年余程度の歴史でしかない。文化や歴史を重んじる風潮は、関西に比べると希薄であることも素直に認めたい。

行政の都合だけで歴史と由緒ある町名を抹消してしまう愚挙を平気で犯している。私なんぞは町名の冠であった「深川」を、町名変更の際に消されてしまったから「深川生まれの深川育ち」という自己紹介さえできなくなってしまった。

## 関西のすし文化論に、ささやかな反論

若い方のために、篠田氏の説を少しだけ補足説明しておこう。昭和30年前後、戦後の復興期から高度成長期に入り、東京は急速に都市化が進んだ。しかし大都市から吐き出される大量の糞尿を含めた廃棄物を処理する施設の建設が後手に回った。その結果、糞尿の一部が船に積まれて外洋に投棄されることになったが、一部の船が東京湾の出口である館山沖あたりで不法投棄を繰り返していたことが発覚し、ニュースになった。

家庭から出るごみの焼却も間に合わず、東京湾に「埋め立て」という形で投棄された。しかし生ごみを覆土せずに大量に投棄したため、江東区地先の「夢の島」にハエが異常発生して家々に入り込み、食卓が真っ黒になるほどになった。また、南風が吹くと異臭は広範囲に漂い、ときには嘔吐をもよおすほどで、下町がパニックに陥るという事件が起きたのである。

それに加えて河川から流れ出す生活排水や工場から出される有害物質で、江戸前のハゼに奇形が続出し、太古の昔から江戸前の海に生き続けたアオギスやハマグリが絶滅し、

ある意味で江戸前の海は瀕死の状態に陥った。江戸前の漁師はついに漁業権を放棄せざるをえないところまで追い詰められてしまった。

都市建設はまず道路や汚物処理などインフラ整備を整えてから始めよ、というローマ時代からのセオリーをまったく無視した列島改造。そのしわ寄せが、「物言わぬ海」「物言えぬ魚たち」におよび、釣りという庶民の小さな楽しみまでも奪ってしまった。この点でも、文化財保護に手厚い関西方面では考えられない自然破壊が行われたことは事実である。

だが、それをもって江戸と江戸前が生み出した食文化のすべてを一刀両断に切り捨てるのはいかがなものか。同書では、「東京風の握りずしというものは、周知のごとく酢飯を握って上に魚介（その多くは生のまま）の切り身をのせるのである。それは、もちろん、刺身も立派な料理なのだから、握り飯の上に刺身をのせる東京ずしだって日本料理には違いない」「せっかく江戸前のピチピチした魚が手にはいるのにわざわざ塩切りするのももったいないと、いうところから、だれやら彼やらが試作した」とする。少々乱暴に解釈すれば、「しょせん江戸前ずしなんて、握り飯の上に魚の切り身をのせただけじゃねえか」とも読める。ただ、篠田氏は「すし職人も、お客も、また本書きのエライさん方も、調理としてのすしが相手ではなく、上にはる魚介のことだけを問題にしているのは、なぜだろう」と、疑問を呈しつつ、本来のすし論議を展開しようとされている。

たしかに握りずしは、ネタもさることながら、酢飯の塩梅、上にのせるネタとのバランス、見た目の美しさなどから総合的に判断されるべき食べ物であることは、氏の指摘どおりである。ともすると「地物」や「産直」の言葉だけに踊らされる傾向は、いましめなければいけないのかもしれない。

だが、「せっかく江戸前のピチピチした魚が手に入るのにわざわざ塩切りするのももったいない」という部分の重みこそ、やはり江戸前ずしの命であったことを考えれば、別の視点が見えてくる。なんといっても日本人は、生の魚、刺身が大好物である。保冷技術のない時代に塩や酢で締めることなく刺身がふんだんに使えたのは、豊饒の海、江戸前があったればこそである。

美食家で知られる北大路魯山人の鋭い舌鋒にはときとして辟易するが、『味覚馬鹿』という小編の中で、「日本人が常に刺身を愛し、常食するゆえんは、自然の味、天然の味、すなわち加工の味以上に尊重するところである」と書いている。魚が本来持っているうま味は、へたに手を加えて料理するより、刺身こそが本来の味を教えてくれる。そのことを日本人はよく知っていると説いている。そう、江戸前で捕れる新鮮な魚にこだわり、生の刺身を愛し、素朴な酢飯とのマッチングをこよなく愛した職人の技と賞味した江戸っ子へのこれ以上の応援メッセージはないだろう。

　京に代表される鯖ずしは、遠く若狭から塩漬けにされ、鯖街道をえんやこらと担がれて運ばれたもの。輸送手段にしても人力やせいぜい牛馬に頼っていた時代、鮮魚を口にする機会は少なかった。そこで生み出された生活の知恵として考案されたものが「塩さば」である。

　活け締めしたサバの刺身は文句なくうまいが、サバは塩と酢で締めたほうがはるかに美味い。それを酢飯と合わせ、熟成させれば、さらにうまみは向上する。どんな料理も、人の口に合わなければすぐに飽きられてしまう。その料理を模倣する者、発展させようとする者も出てこない。そこに思い至った京の先人の創意工夫の偉大さは、現在も色褪せるどころか、名店の「鯖の棒ずし」は予約しないと手に入らないほどの人気を博している。

江戸時代の鮨売り（大阪すし）

　同じ魚を刺身だけで食べ続けると飽きがくる。関さばの刺身だって、半身を食べようとは思わないが、棒ずしなら一本でも食える。酢というすぐれた媒介があればこそ、食欲をそそるという効用も忘れてはならないだろう。それが偶然であったとしても、新しいものの創造や発見は、偶然の産物であることが少な

江戸時代の鮨屋（前頁とも、『近世風俗志』より）

くない。それに目をつけ、商品化した人間は、称えられてしかるべきなのである。

　関西のすし文化に比べれば握り鮨の歴史はたしかに浅い。大衆的な料理法として広まったのは、わずか２００年余の歴史でしかない。しかし刺身好きの国民性と、酢という優れた食品のハーモニーが見事に調和した江戸前の握り鮨は、いまや誰でも認める魚食文化のひとつである。それは、江戸前という優れた漁場があったればこそ、誕生した料理である。発祥当時から人気を博した、コノシロの幼魚であるコハダ（小鰭）なんぞは、網が持ち上がらないほど捕れたと想像するに難くない。江戸末期には「あじー、たいー」とか「あじのすしー、こはだのすしー」という売り声で鮨を担いで売り歩いた。アジはもちろん、タイだって江戸前で捕れたという漁獲統計が残っている。シラウオ、エビ、イカなど、握り鮨に使う食材はすべて江戸前でまかなえた。これは京や大阪が逆立ちしたってできなかった話である。

　その江戸前という全国一の漁場を潰してしまったのも、江戸、東京人なのである。これはどんなに非難されても仕方がない。産業発展の代償というには、あまりにも悲しい愚挙であった。篠田氏の指摘を待つまでもなく、江戸前を潰して食い詰め、関東近海の魚介に頼り、果ては遠く海外の漁場から、マグロ、エビ、イカ、タコ、タイ、アジ、サバ、イクラ、アワビ、ウニなど、鮨ネタを輸入するようになった現状を思うと、「江戸前は遠くなりにけり」である。

日本の近海漁業は後継者が激減し、漁業従事者の平均年齢はついに60歳を超えてしまった。古代から「漁《すなど》りの民」として、「目の前の海で捕れる魚介」を生活の糧としてきた日本の魚食文化は、いまや魚介を商う「商社の糧」と成り果ててしまった。

「旦那、きょうはいいフィリピンの海老、アフリカの蛸、ニュージーランドのまぐろもいいよ」なんぞと言われたら、悲しすぎて涙も出ない。

今も江戸前鮨の伝統にこだわる鮨屋も少なくない。浅草橋の駅からほど近い、「柳ばし代地・美家古鮨本店」もそのひとつ。6代目は加藤章太さんである。店があるのはその昔、柳橋の花柳界があった場所。先代の祐宏さんは気っ風のいい江戸っ子。屋台で鮨屋を創業したのは文化年間（１８０４〜１８１８年）、店を構えたのは慶応2年（１８６６年）という老舗である。

加藤祐宏さんは「このあたりは江戸時代、下屋敷のお侍さんたちが遊んだ色町だったんですよ。吉原じゃちょいとばかりまずいってんで、ここへ繰り出したんだろうね。昔

『守貞謾稿』の鮨を今風にアレンジ

美家古鮨本店　6代目が鮨を握る

の花街は賑やかだったよー。お大尽が『芸者総揚げ』する夜なんか鮨の注文がどっとくるとよ、握るのが間に合わなくて大変な騒ぎだったよ。なにしろ飯台が全部出払っちゃうくらいでさー。空いたのを下げてきて握るなんてこともあったなー。でもよ、冷凍庫も冷蔵庫もない時代にさ、朝捕れたばっかりの魚や貝なんかが手に入ったから、生のネタ使う鮨が握れたんだよな。店の脇の隅田川で竿出しゃよ、セイゴやサヨリなんかいくらでも釣れたもんな、やっぱり江戸前の海のお陰だよ」と、往時を懐かしむ。駅の近くには江戸時代に倣って立ち食い専門のお店を出している。

6代目の章太さんにお願いし、『守貞謾稿』に登場する鮨を握っていただいた。白魚だけはまだ時期ではないので入荷がなかったが、厳選されたネタは文句なしにうまかった。第8章で紹介する築地中央市場で「江戸前のネタ（種）」を卸す業者団体「東京湾内湾特殊物連合会」が取り扱っているネタは章太さんに調べていただいた。

## 握り鮨という食文化

江戸前鮨、つまり握り鮨に関する生い立ちはあとで説明するとして、食文化、生活文化としての江戸前鮨には、従来の鮨とは異質な面があることに触れた文献をこれまで見たことがない。それはいみじくも篠田氏が指摘しているように、「すしは古来の伝承で、家庭でも業者でも」という点である。江戸前鮨を論ずるとき、これが最大の問題であると私は考えている。

たしかに郷土料理として各地に伝承されたすしは、基本的には「家庭で作るもの」が中心であったし、今でもそうである。わが家でも、ちらしずしやかんぴょう巻き、太巻き、稲荷ずしなどは、慶び事には欠かせないご馳走であった。

しかし、握り鮨は、まったく発祥を異にする。これは職人が考案した、「外食専用のすし」だった。家庭で作る鮨という要素をまったく排除して誕生したもの、それが江戸前鮨の特徴のひとつである。よほど器用な人がいなければ、家庭で鮨を握ることなどまずしない。それだけに職人の技や工夫によって発展した独自の鮨、それこそが江戸前の握り鮨である。

鮨に使う飯の炊き方、酢と塩の加減と量、炊き上がった飯との合わせ方など、どれか一つでも失敗すると、口のなかでぱらっとほぐれ、ネタと微妙にからみあう、あの握り鮨はできない。そこで家庭では、手巻き鮨が中心になるから、ひと昔前には「きょうは手巻きずしの日」なんていうテレビコマーシャルが流された。しかしそれも昨今では、あまり流行らないようだ。やはり職人が握ったり巻いたりしてくれたものが一番いいからだろう。

## 握り鮨、情けない思い出

江戸時代には町を売り歩く大衆的な鮨がある一方、賄賂にも使われるほどの高価な鮨があった。ネタにこだわり、器にこだわれば高価な高級料理となるし、現在の回転鮨のように大衆的な料理にもなる、江戸前鮨のこうした両側面が発祥当初から現代まで、変わらず続いている。

バブルが弾け始めた1993年秋、社運をかけた接待先のご希望で、銀座のしゃれた鮨屋の2階に一席もうけた。「ちょっとお高いですよ」と、先方の秘書から耳打ちされてはいたが、個室の座敷にはネタケースが持ち込まれ、柳刃包丁を手にした板前がおもむろに参上した段階で、値段が張ることを覚悟した。最初はおまかせで握ってもらい、その後、生の本マグロの大トロ、関あじ、関さば、縞鰺《しまあじ》などをリクエストして鱈腹食ったから、勘定が気にはなっていた。大吟醸も2本空けたし、帰り際にお客様が「いつものやつ、土産に」と板場に頼んでもいた。だが、よもやお一人様8万円を超すとは思ってもみなかった。5人分の勘定は手持ちの30万円では足らず、翌日不足分を支払いに行った苦い記憶がある。「毎度どうも、ぜひまた、お待ちしてます」と威勢のいい板場の声に送られたが、「勘定もわかんねえで、来るんじゃねえよ」と陰口を叩かれたに違いない。

鮨屋のことだから内訳明細などは当然ないが、後で聞けば大トロ1貫が5000円近いとのこと。2貫で1万円である。江戸時代、賄賂に使われた鮨の相場が3両だという。当時の実勢価格を守り続けることが「暖簾を守る」ことかもしれないが、所詮は貧乏人のひがみであろう。

自らの恥を承知でこんな話を紹介したのは、江戸前鮨の日本料理としての幅を考えてみたかったからである。ほかの鮨においても、各家庭や作る職人によって味も違えば、美味い不味いも当然ある。使う食材の種類は、基本的に限定されている。だが、握り鮨は、ある意味で食材を選ばない。魚介ならばなんでもあり。さらに生はもちろんのこと、炙る、煮る、焼くといった手法も取り入れた。アナゴは煮てから炙り、ハマグリは煮てから「つめ」というタレを塗ることで素材の臭みを抜き、保存性を保ち、しかも美味さを最大限に引き出す。

そして、こうした手法を生み出したのは、金に糸目をつけず、職人たちに競って美味いものを握らせた大名であり、武士であり、豪商であり、いわゆる富裕層である。およそ食に限らず、音楽、絵画など文化と名のつくものは、財政的なバックアップがあったればこそ成り立ってきたし、職人や芸術家はより完成度の高いものを目指すことができた。庶民はそのおこぼれにあずかるということで文化を享受してきた。

それがいまや回転鮨の店に行けば、大衆的料金で天然の近海物を食すことさえできる。ネタの切り方、握り方に多少の難があっても「腹に入ってしまえばみな同じ」という発想に立てば、さして問題ではない。

ひとつ心配なのは、江戸握り鮨の本家である東京にあって、回転鮨や宅配鮨の攻勢で、町場の鮨屋が少なからず廃業に追い込まれていることだ。握り鮨という食文化は、形を変えて存続してはいる。だが漬け場に立つ親方と世間話をしながら、好きなネタや、その日のお勧めを好みで握ってもらうという食文化が失われつつある。競争力がないものや資本力がないものが廃れていくのはこの世のならいではある。かつてはその日の懐具合で、くぐる鮨屋の暖簾を選べたが、暖簾をたたむ店の多さを目にすると、なんとも寂しい限りである。

江戸時代は、握った鮨を木箱に並べて町を売り歩く大衆向けの商法もあった。最近はデパ地下や食品スーパーでは、このスタイルをよく見かけるようになった。好みのネタを好きなだけ買うことができる。これも鮨の売り方の回帰現象と言ってよいだろう。さらに江戸時代さながらの、カウンターに椅子もない「立ち食い専門」の小さな鮨屋がちょっとしたブームになっている。これまた「握り手と会話ができる」江戸回帰現象だとすれば喜ばしいことである。

初めて入る鮨屋で、ネタの表示がないとちょっと戸惑う。並、上、特上にお値段が書いてあれば目安になる。ただ江戸っ子の端くれとして、それではなんとなく寂しい。やはりカウンターに座り、握ってもらった鮨を手でつまんで食べたい。そんな時、特上の値段にプラスアルファーの金額を提示して、「それでお任せで握ってもらえるかな」と頼んで断られたことがない。一見《いちげん》の客でも、その日でイチ押しのネタを握ってもらえるからぜひお試しいただきたい。

## 握り鮨はファストフードの元祖

「すし」は「酸《す》え めし」で、中国は唐の時代に生まれ、平安時代に伝来したとされる。すえめしの言葉が示すように、塩漬けした魚や獣の肉を飯と合わせ、発酵させる長期保存食として誕生したとされる。

これがやがて発酵を待たずに食べる押し鮨として関西で一つの食文化を形成する。江戸でも当初は関西の押し鮨が主流であったが、江戸前で捕れる新鮮な魚介類に目をつけ、酢飯の上に刺身や貝をのせて握る握り鮨が考案される。鮨が保存食から握ったばかりを口に入れるファストフードに変身を遂げたことになる。

握り鮨をだれが初めて商売にしたのかについてはいくつかの説がある。文政13年（1830年）に喜多村信節が書いた江戸時代の百科事典『嬉遊笑覧』によれば「深川六間堀に松ずし出来て世上すしの風一変し」と記されている。「安宅の松のすし」ともいわれ、堺屋松五郎が創業したという。握り鮨はたちまち江戸の話題をさらい、各所に鮨屋ができる。しかし値段がめっぽう高く、5寸（約15センチ）の二段重ねの重箱で3両もしたという。

本所（現墨田区）横網町の与兵衛によって現在の握り鮨の原型が形成されたという説もある。世に言う「与兵衛ずし」である。北陸福井から江戸に出た花屋與兵衛（華屋、小泉とも）は、かつて両国国技館（後の日大講堂）があったあたりに小さな店を構えたが、大繁盛で、いまでいう元祖「行列のできる店」であったそうだ。その場所に小さなモニュメントがある。短いのでその全文をご紹介させていただく。

与兵衛鮨発祥の地　所在　墨田区両国一丁目八番
この横町の左手に、江戸握り鮨発祥といわれる与兵衛鮨がありました。文政の始めに、初代小泉与兵衛（一七九九〜一八五八）により大成されました。
小泉与兵衛は、霊巌島の生まれでしたが、次々と商売を替えて、本所で暮らすようになりました。その頃に、大阪風の押し鮨にあきたらず、これを江戸風に鮮度を保ち、手早く作る方法を工夫しました。始めは、毎日岡持に鮨を入れて売り歩きましたが、評判を呼ぶようになり、屋台を出し、後には店舗を開くほどになり、殺到する注文に追いつけない繁盛ぶりだったと伝えられます。

当時の狂歌にも「鯛比良目《ひらめ》いつも風味は与兵衛ずし買い手は見世にまって折詰」などと人気のほどを伺うことができます。

また、食通の武士の注文に応じて与兵衛が創案した「おぼろの鮨」も大変な人気となりました。屋台で山本のお茶を出したことも人気に拍車をかけました。

以後、昭和五年に惜しくも廃業しました。

平成一二年三月

墨田区教育委員会

喜多川守貞の名著『守貞謾稿』には、当時の鮨をスケッチしている。「鶏卵焼、車海老、海老ソボロ、白魚、マグロサシミ、アナゴ甘煮、玉子巻、海苔巻二種」である。さらに「江戸の鮓店は毎町に一戸」と鮨屋の賑わいを紹介している。

江戸前の握りは、この「松のすし」、「与兵衛ずし」、それに鮨を笹の葉で巻いた「毛抜き鮓」をもって「江戸三大すし」とされる。だが、いずれが元祖？　という論議には、立ち入らないことにしよう。いまのところ、どれを元祖とする説も、「らしい」ということで断定を避けている。江戸を代表する百科事典、『嬉遊笑覧』、『守貞謾稿』のいずれも、著者はよくぞここまで調べたもんだと読む度に感心する。しかし情報伝達手段が未発達の時代の宿命として、明らかに記述の間違いや、他の文献の引用が見られたりもするからである。

ひとつだけ明らかなことは、それぞれの鮨職人は、もともとは関西の押しずしや箱ずしを得意としたりその味に通じており、酢の飯とネタとの成《な》れ（熟成）を待たずに客に出すことを思いついたということで共通している。これが握りずしが「早ずし」と呼ばれたゆえんである。

早鮨が発祥した当時は、ハマグリやアナゴを煮るという処理、また、白身魚にも塩や酢、醤油などで軽く下処理するという手法がほどこされていたことも、関西における魚介の処理法を継承していたと思われる。

江戸前鮨の店で、「塩でお召し上がりください」という食べ方も、すでに江戸時代に行われていた手法だし、伊豆七島に残る「島ずし」が、白身を醤油に軽く漬けて握る（わさびの代わりに芥子）という手法も、江戸時代の伝承がそのまま島に残ったものであろう。いずれにせよこの握り鮨は、「早ずし」と呼ばれる鮨の代表的スタイルとして全国に広がりをみせていく。これこそ京からの「下りもの」ではなく、江戸が鮨食文化の発祥地となったわけである。

江戸前握り鮨が、なぜあの形、あの大きさになったのか、ということに関しては、つぎの理由が考えられる。

その前にちょっと補足しておかなければいけないのは、かつての握り鮨は、酢飯（しゃり）がいまよりはもっと大きかった。とうてい一口では頬張れない大きさであったようだ。なにしろ1人前が5〜8貫程度で腹いっぱいになったと言うからどれ程か想像がつこう。さらに終戦直後は政令で「五貫の巻き物五個をもって一人前」と定められたほどであるから、当然のことしゃりは大きかったわけである。

私が子どもの頃、よく連れていかれた鮨屋のカウンターに座ると父は「しゃりは小さめに握ってやって」と注文していた。すると母や姉も「私も小さめ」と声を上げる。しゃりの大きさは、鮨の値段には関係ない。それがいつしか酢飯が小さいのが当たり前になっていった。まあ、酢飯のボリュームはお値段に関係ないので、たくさん食べてもらったほうが、鮨屋も営業的にはいいし、刺身好きな国民性にも合うのだろう。

握り鮨の大きさは、考案した職人たちが、箱ずし、押しずし職人たちであったことにも関わりがありそうだ。これらのすしは、一口大に切り分けて食されていた。一口大とはいっても、普通は一口半から二口で収まる大きさである。

魚介を飯と合わせ、長い時間をかけて発酵させ、「すえた」つまり「酸っぱい」状態に熟成させ、保存するという「すし」が、長い年月をかけて即席ずしに至る過程で、酢の考案普及が、棒ずし、箱ずしなどを生み出し、それが職人の思いつきで江戸前握り鮨を誕生させたという大きな流れをみるとき、一貫の鮨をいとおしく感じる。

## 鮨屋、受難の時代もあり

江戸時代の鮨は、店で食べるときは有田焼など陶器に盛られたという。進物に使うものは漆のお重に詰められたとも書き残されている。天ぷらよりもかなり高い。1貫が5～7文という大衆的価格でスタートを切った鮨が、賄賂として使われる場合には、なんと3両と高価になる。それがやがて世に言う「天保の改革」、幕府の質素倹約令に触れ、江戸で名をなした鮨屋は手鎖の刑に処せられて投獄の憂き目に合うことになる。

しかしいったん市民に根付いた文化は、時の権力から一時的に制圧、弾圧されることがあっても、必ず息を吹き返す。アメリカにおける禁酒法の崩壊を引き合いに出すまでもなかろう。

江戸前鮨は時代とともに全国に広まっていった。現在は資本にものを言わせた回転ずし、宅配ずしのチェーン展開が、それに拍車をかけている。しかもそこに手先が器用な日本のお家芸が生んだ「自動すし握り器」が導入されている。同じ分量、同じ握り加減で酢飯をひと口大に「ひねり出す」のである。店員さんはその前に立ち、遅れてはならじとひたすら「ネタを貼る作業」に追われる。ときにはそれが外国人労働者であったりもする。チャップリンが映画で描いた、人が機械に使われる「モダン・タイムス」の世界が、鮨の世界にも押し寄せている。

まあ、「すでに握ったものを買って食べるという鮨の発祥に回帰した」と皮肉をこめて論評されることもあるが、これも一つの文化なのだろう。

## マグロというネタ

こうした時代の流れに関連して、関東大震災で焼け出され昭和5年に店を閉めるまで、江戸前鮨の暖簾を誇った与兵衛鮨だが「下魚」であるマグロを握らなかったことに触れておこう。江戸の末期、関東近海にマグロの大回遊があった。江戸へは相模湾で捕れたマグロが送られた。『江戸名所図会』の日本橋魚河岸には、マグロを二人がかりで担ぐ姿が描かれている（194頁）。価格は暴落し、1メートル前後、100キロ近いマグロがわずか300文ほどで買えたという。保冷技術のない時代だから、魚肉は傷みやすい。そこで醬油に漬けた「づけ」として握りのネタに広く使われた。だが、酸化が早い「トロ」などは、あっさりした風味を好む江戸っ子の口に合わなかったようで、廃棄処分になってしまった。握り鮨の元祖を自負する与兵衛鮨は、あくまでも新鮮な江戸前のネタにこだわり続け、そんなマグロを使わなかったようである。

この話は、鮨を語るときよく出る逸話である。そしてグルメブームのいま、マグロといえば青森県大間漁港が脚光を浴びる。だが、かつては相模湾でも、専業でマグロを捕るほど漁獲があった。江戸時代に黒田五柳が書いた釣りのハウツウ本『釣客傳《ちょうかくでん》』には、小田原におけるマグロ釣りの仕掛けが紹介されている。鉄製の大きな釣りばり、釣り糸には太い麻縄を使うが、手漕ぎの小さな舟で大きなマグロと格闘する様は、まさにヘミングウェイの『老人と海』の世界を彷彿とさせる。さぞ勇壮な釣り姿であったことだろう。大間のマグロではなく、江戸前のマグロは小田原沖のマグロだったのである。

そんな苦労の末に仕留めたマグロが江戸前握り鮨に「赤身の魚」として花を添え、庶民に愛されたとすれば、「下魚」であるという判断は、果たして正しかったのだろうか。本当に味も最悪の下魚であれば、江戸庶民からそっぽを向かれていたはずである。マグロの、それも赤身の美味さを知って鮨ネタにした職人に喝采を送りたい。

生マグロは希少価値で値が張るが、美味さを引き出すには、1週間前後の熟成期間が必要になる。捕ったばかりのマグロの赤身は、硬いだけでマグロ本来の味がしない。江戸時代には保冷技術こそなかったが、相模湾で捕って江戸へ運ぶ頃には、ちょうど食べ頃になっていたのではなかろうか。醤油に殺菌作用はあるが、すでに腐敗が始まってしまったら、さすがに当時の人でも食べなかったようである。

「サヨリを鮨ネタに使わないのは、腹黒を嫌った」、「コノシロは此の城に通じるから食わない」などの俗説がある。しかし江戸時代にはサヨリを握った記録があるし、江戸で人気のあったコハダ（小鰭）がコノシロの幼魚であることを、当時の人が知らないわけもあるまい。

マグロは、江戸っ子が「女房を質においても」と大枚を叩いたカツオと同様に放っておくと、熟成を待つまでに腐敗してしまう。それでも世界各地から送られる冷凍マグロや養殖物より、近海物をネタにしたマグロの握りは美味かったはずである。まして重金属汚染や環境ホルモン汚染もない江戸時代の魚である。まずいはずがなかろう。

現在、すべての鮨ネタを近海の天然物に限ったとすれば、とても我われ庶民には手が出ない代物になる。だからといって、もしも鮨屋が産地表示、生と冷凍ものを厳密にして店に掲げたら、それもまた味気ないものになるだろう。ただし、輸入物の養殖サーモンだけは絶対に握らないという鮨職人も少なくない。若い方の人気は高いというが、どうしても私は食指が動かない。トロサーモンなんて書いてあればなおさらである。

江戸前のネタにこだわる店でさえ、すべてを江戸前で揃えることはできなくなってしまった。江戸前鮨が「江戸風鮨」と解釈されることが当然視されるご時世に、ないものねだりや筋論だけを唱えれば、虚しさだけが残るというものである。

## 通夜の席と鮨

いまでこそ、手軽に食べることができる鮨だが、かつては庶民にとって大変なご馳走であった。大事な来客、正月など、特別なときにだけ出前を頼んだものである。

祝い事に鮨はつきものだが、かつては仏事、たとえば通夜などに生ものを出すのは禁忌《タブー》であった。それが近年は、通夜のあとの「清めと称する宴席」に、必ず大きな鮨の飯台が並べられる。子どもの頃、町内で不幸があると広いわが家の台所に近所の主婦が集まって、朝から煮物や海苔巻き、いなり鮨などをせっせと作っていた。すべて精進料理である。「向こう三軒両隣」は親戚より密な付き合いをするのが下町の慣わしだったから、いったん事あれば、なにを置いても親身に世話をし合うという関係が続いていた。

昭和30年代の後半、近所づきあいの悪い家でかなりご高齢の方が亡くなった。誰も精進料理の手配を言い出さなかった。すると通夜の席で、「天寿をまっとうしたし、故人も賑やかなことが好きだったから盛大に祝ってやってください」と、握り鮨が振る舞われた。これが私の住む町内における最初の例である。「通夜の席に非常識だ」という声もあったが、裕福と評判だった喪主は、近所の子どもたちが鮨を目当てに集まってもいやな顔ひとつ見せなかったので、私も父親の傍で鮨を食べまくった思い出がある。

下町っ子には見栄っ張りが多いから、通夜の席にはいつしか特上の鮨が並ぶのが当たり前になってしまったが、これには誰も不平や文句を言わなくなった。葬儀を取り仕切る葬儀屋さんや斎場から出される通夜のお清めメニューにも、鮨がセットになっている。もう精進料理だけをオーダーするケースは稀なようである。

ときには、地方から駆けつけた近親者から「テーブルから生ものを下げてくれ」とクレームがつくこともある。通夜を手伝う女性たちも、そのあたりは慣れたもので、鮨を若い人の席に回し、そこで手をつけていない煮物など精進料理を下げてお出しする。もっとも近年、地味婚ならぬ近親者だけでひっそりと故人を見送る家族葬も流行り、精進料理復古のきざしもある。

祝いの席に欠くことができなかった鮨が、不祝儀の席で出される不合理さが問題視されないということは、食文化とは生活の一部であり、生活習慣が変化すれば、それにつれて食文化も変化していくという端的な例だろう。

# 第5章 江戸前が育んだ魚食文化

佃煮はなぜ佃島で誕生したのだろう？　浅草海苔は本当に浅草で作られたの？　江戸前の魚介はどんな料理に変身したの？　食に関するそんな疑問をすべて解消。江戸時代からわが家に伝わる「江戸前の家伝料理」をあますことなくご紹介。簡単なレシピも添え、懐かしの味を再現したい方には必読の章。

鮨、天ぷら、鰻の蒲焼、佃煮、浅草海苔をもって、「江戸前が生んだ五大食文化」とする考え方がある。『東京都内湾漁業興亡史』の編纂に関わった方の見解である。厳密に言えば発祥が江戸であったとは限らないが、「江戸で大いに花開き、全国に発信した食文化」と言える。

鮨など三つはすでに紹介ずみ。この章では江戸庶民の食・江戸前産の魚介や食文化、美味しい食べ方にスポットを当てていく。

## 食欲増進にはおすすめの佃煮

カルシウムをたっぷり含んだ栄養価のある保存食である佃煮は、わが家の冷蔵庫には欠かせない。なかでも好物は、アサリとアミ。食欲が湧き、副菜として申し分ない。小腹が空けば茶漬けにも向く便利この上ない食品である。しかし江戸前の漁業が衰退してからというもの、本来は雑魚を素材にした佃煮も、かなり高価なものになってしまった。とくに「国産品を使った極上ハゼ」の佃煮は、キロ単価でいえば極上ステーキに匹敵するようになってしまった。

佃煮は、その名が示すように江戸時代に佃島で発祥したとされるが、大阪は摂津の国、佃村などから江戸に移住した佃島の漁師たちは、上京する前からこうした保存食を作っていたようだ。

そこで東京中央区の佃島をぶらりと歩きながら老舗に立ち寄り、佃煮の由来をたずねてみた。

佃島で最初に佃煮の店を開いたという「佃源田中屋」のしおりには、「白魚及び雑魚類を生醤油で煮しめて保存し、家庭内の副食物としておりました。（中略）住吉神社の信者の方々で万人講が興り……世話人として参拝しました。その時、初代源右衛門が土べっつい（土で造ったかまど）で雑魚類を煮て、万人講の皆さんに佃煮と称して御披露した」。これが佃煮の起源と記されている。遠来の参拝客へのおもて

佃島最古の佃煮屋　佃源田中屋

佃源の佃煮　①アサリ、②シラス、③ハゼ、④コブ、⑤アミ、⑥エビ

なしが佃煮を世に出すきっかけだったと言う。おかみさんは「なんでも最初はただ塩で煮染めただけだったって聞いてますよ。雑魚をごった煮したとも言いますね。でも今じゃ江戸前のものはほとんど無くなってしまいましたからねえ」と客の応対に追われていた。

おなじく老舗の「天安」では「離れ小島であるため時化どきにお菜に事欠き、また漁期には腐らない副食物が必要なところから、湾内で獲った小魚類を塩辛く煮込んで保存食を作ることを考えた。其後、千葉より正油が渡り塩煮より正油煮にかわり佃島で作られたので佃煮と命名され江戸市中に売り出した」とある。ここでは、「どちらが元祖か」とか、「どちらが正しい」を検証することではなく、それぞれの内容を考察してみたい。

まず佃煮は、塩辛く煮た家庭用の保存食であったことが共通している。佃島は、大川（現在の隅田川）河口にできた洲の上に築造された小さな離島。だから江戸と島を結ぶ交通手段は「佃の渡し」だけだった。米の作付けはもちろんのこと、野菜を育てるにも不適な土地だった。そこで幕府は深川不動尊の近くに保有する土地を佃漁民に下賜したほどで、佃煮は貴重な「お菜」であり「沖で食べる食事の腐らないおかず」として誕生した。

佃の渡し場の跡

佃漁師が独占的な漁業権を持っていた白魚漁の網には、白魚以外の雑魚もたくさん入る。しかもそれは市場価値がほとんどない、つまり売り物にはならない物ばかり。とはいえせっかく網に入ったものを捨てるのはもったいない。そこで雑魚は非常食と同時に、沖に出る漁師の飯のおかずに加工された。

現在の佃煮には砂糖など甘味料が使われている。だが佃漁師は塩や生醬油だけで煮ていたことも注目に値する。家康が江戸に入府してしばらくは、醬油などの調味料は上方からの「下りもの」。廻船によって運ばれる高価なものであった。やがて千葉県の野田など江戸近郊から調達が可能となり、家庭の調味料として普及するが、砂糖はまだ高価なものだった。そこで生醬油だけで煮しめた。ちなみに、生醬油だけで作った佃煮を食べてみたが、甘みのある佃煮に慣れた舌には、塩辛くてとても箸がすすまなかった。

また、幼い頃から見てきた佃島に豪華な造りの家はほとんどなかった。次章で述べるように、江戸時代、対岸には「白魚御殿」も誕生したが、それはあくまでも網元の屋敷もしくは幕府の役宅であった。実際に白魚漁を営んだ漁師たちの生活は、それほど裕福なものではなかった。というよりむしろ貧しかったようである。佃漁師に限らず深川、砂村、葛西の漁師町はどこも粗末な浜小屋に近い家並みであったように記憶している。

江戸前の漁師町だけでなく、江戸時代における漁民の暮らしぶりはおしなべて悲惨なものだった。士農工商という身分制度の中で幕府は農民を武士の次に位置づけ厳しく年貢米を供出させた。当時の経済の根幹となる米の確保が幕府にとって至上命題であったからだろう。

一方、漁民を保護するための政策は、わずかな免税措置を除いてほとんどなかった。幕府は漁民も農民同様に「生かさず殺さず」という考え方だったに違いない。特権的な漁師町であった佃とて例外ではなかった。一部の網元は名字帯刀を許される優遇を得ていたが、一般漁民にとっては、漁獲物を買い取ってくれる網元の示す魚価には文句のつけようもなかったのである。

こうした前提に立てば、佃煮が「売れ残りの魚介」、もしくは「買い取ってもらえない雑魚」を副菜にしたということの説明が容易に理解できる。佃煮の塩っ辛さは、漁民の生活そのものの味であったのかもしれない。それを商品化した江戸の商人はそれぞれ暖簾を広げていくが、佃島漁民の生活はそれほど豊かにはならなかった。

「江戸むらさき」でおなじみの佃煮では定番の「海苔の佃煮」は、発祥当時は佃煮のラインナップには登場してこない。佃漁師は、海苔養殖には関わってこなかったことがその理由である。他の漁村から買い取ってまで海苔を素材にはできなかったし、その必要もなかったわけだ。いまでこそハマグリ、ウナギなどを素材にした「贈答品」にもなる高級な佃煮もあるが、本来はあくまでも雑魚が素材であった。

「でもいつから始まったか知らないけど、佃もお台場に海苔場を持って、生海苔使って佃煮にしてたよ」と佃源田中屋の当代に教えてもらった。

前述した佃源田中屋の説明には「白魚」の文字も見えるが、これはおそらく巾着網で捕った中の「上がり（死んでしまった）の白魚」であろう。白魚は幕府以外の「お止め魚」、つまり禁制品とされたほど貴重な幕府御用の魚である。それを佃煮として売ったとは考えにくい。

ほかに佃煮の素材としては、佃漁師が得意としたアミエビがある。標準和名はニホンイサザアミという小さなエビの仲間で、江戸前の浅瀬には海が濁って見えるほどアミエビがいた。釣り上げたクロダイやスズキなどの腹にアミエビがいっぱい詰まっていることも珍しくなかった。しかも佃煮にするアミエビは、小さいほど市場価格が高かった。大きな物は脂肪分が多くなり、佃煮にしてもサラッと仕上がらないという。

現在、ハゼの佃煮にはマハゼが使われているが、私が子どもの頃に売られていたハゼの佃煮の素材は、ダボハゼと呼ばれる小さくて黒いヨシノボリ類のハゼで、マハゼではなかった。釣り人から厄介者扱いされたダボハゼが、佃島では立派に商品化されていたのである。これについては、「佃島のハゼの佃煮は、ありゃあダボハゼだぜ」という非難がましい声と、「ダボハゼも佃煮にすれば食えるもんだ」という肯定派と、二つの意見があった。

アサリは深川浜が名産地で、それこそ「佃煮にするほど」たくさん捕れた。高級品のハマグリも同様である。江戸川の河口にはアサリを蒸してむき身を作る工場さえあった。

また、雑魚はすべて一緒に煮たのか、魚種ごとに分けて煮たのかを示す資料はない。おそらく家庭ではごった煮であり、江戸商人たちは魚種ごとに佃煮に仕上げたのだろう。

佃煮にまつわる最後の話をもうひとつ。下町の家庭では、湿気ってしまった海苔を小さく切り、醬油、砂糖、酒、味醂を大量に入れて何時間も煮込み、自家製の佃煮に作り変えていた。最近はほとんどが「焼き海苔」に変わってしまったが、湿気た焼き海苔でも佃煮を作ることができる。

## 浅草海苔

江戸前の海を埋め尽くすように林立した海苔篊《ひび》も、昔語りになってしまった。海苔は収穫してから、切り、漉き、干すという面倒な工程がある。それが現在は、焼きにいたるまでオートメ化された。漁民にとっては福音であろうが、海苔干しという冬の風物詩がなくなってしまったのは寂しい限りである。深川地先や荒川河口から浦安にかけて、冬場は海苔の香りが立ち込めた。あれこそが、私にとって「江戸前の香り」だった。道路という道路に海苔干しのヨシズが立ち女衆が朝からせわしく並べていく。釣りの帰り道には海苔を取り込む姿があった。昭和40年まで、海沿いの下町では、どこでも見られた光景である。

冬場、新海苔の収穫時期になると、朝の食卓にはいつも、焼き海苔やワカメなどの海藻があった。「海藻をたくさん食べれば髪が黒くなって、フサフサになる」と親に言われたが、代々わが家は禿《はげ》の血統。死ぬほど食べた私の頭も今では頭皮がしっかり見えるほどになってしまった。

海苔といえば干し海苔だが、海苔の養殖を兼業していた船宿から、父が土産でもらってきた生海苔はうまかった。さっと熱湯にくぐらせてから三杯酢にする。大根おろしをたっぷり入れればそれが主菜になるほど飯が進んだ。味噌汁に入れれば磯の香りが家中に漂い食欲をかきたてた。

昭和30年頃の海苔干し風景（江東区教育委員会所蔵）

海苔汁の手際見せたり浅黄椀

これは松尾芭蕉が浅草を訪れたときに詠んだ句であるが、深川・萬年橋のたもとにあった芭蕉庵に居を構えていた当時、生海苔が容易に手に入ったはず。日頃はお弟子さんが手摘みした海苔を口にしていたかもしれない。いずれにせよ鮮やかな色と香りが飛ばないうちにいただく海苔の味噌汁、あるいは清まし汁を堪能した芭蕉の姿が目に浮かぶ名句である。

焼き海苔は、江戸前の握り鮨では、白魚を巻く帯に

萬年橋のたもと芭蕉庵跡に建つ芭蕉稲荷神社

使われた。『守貞謾稿』に画かれている挿絵では、かんぴょう巻き、太巻きなど、巻き鮨に用いられている。

家庭ではちらし鮨の上に飾るなど、鮨との相性は抜群。学校給食がなかった中学生時代の弁当は、「のり弁」がポピュラーだった。ご飯に削り節をふりかけ、醤油をたらした上に海苔を敷く。ところがこれが弁当のふたに張り付いてしまう。そこで中間に1枚、サンドウィッチにしてもらった。日の丸弁当と言われたご飯の真ん中に梅干がのっただけの物に比べれば、おかずに塩鮭か玉子焼きでも添えてあれば豪華な弁当だった。遠足や運動会に持参する握り飯にも、せいぜいコの字状の帯に巻かれていればよいほうで、いまのようにたっぷりと焼き海苔が使われることなど、下町ではまれであった。

つぎに江戸前を代表する魚介類の料理法をいくつか紹介していこう。江戸時代には、現在の日本料理の基礎がほぼ完成の域に達する。「豆腐百珍」「鯛百珍」などひとつの素材を多種多様にアレンジした料理本も出版された。そこには食通を任じる人々の美食への探求心が見てとれる。

一方、一般家庭の料理、とくに魚料理に関しては、膾《なます》（いわゆる刺身であったり、三杯酢や酢味噌）、塩焼き、塩煮、鍋、煮つけ、それに干物程度であった。ここで私が船頭たちから習った江戸前漁師料理と、代々深川で米屋を営んできたわが家の伝承を中心にご紹介していく。

## ハゼ料理

かつてハゼこそが江戸前では大衆魚の王様的な存在だった。一番人気はなんと言っても天ぷらだが、これにも江戸前流というのがある。頭を切り落としたハゼを塩水で洗ったら、ウロコを引かずに三枚に下ろす。15センチ程度の小さいものは頭も落とさず、尻の穴に爪楊枝を入れてはらわたを引き出す。もう一度水洗いするだけで、骨は引かない。これを2、3尾並べて衣を付けて揚げる、いわゆる「筏揚《いかだ》げ」だ。深川の運河を流す筏に見立てた天ぷらである。

天つゆを作る場合は、三枚に下ろしたハゼの骨や頭を焙ってから鍋に入れてダシを取る。これが正調・深川流のハゼの天ぷら。ハゼのダシがきいた天つゆで食べる天ぷらは格別である。

甘露煮には秋の彼岸過ぎに釣れる大きなハゼを使う。爪楊枝で尻からはらわたを出し、こんがりと焦げ目がつくまで焼き上げる。数日、軒下に吊るし陰干ししてから正月用に保存する。戦後、大量のハゼを素焼きするために、石油缶に穴を開けて針金を渡し、そこにハゼを吊るして一度に１００尾以上も焼く方法が流行った。これは、焼くというより燻製に近いが、落語家の先代・三遊亭金馬師匠も愛用したと『江戸前釣り師』に書き残している。

鍋に拍子木に切ったゴボウを並べ、その上に干したハゼをのせ、酒、砂糖、醬油で薄く味をつけてじっくり煮詰める。ハゼは骨まで柔らかく、一緒に煮たゴボウにも味が染みる。わが家ではこれを毎年、大鍋いっぱい作っておく。

ハゼを水で戻した昆布で巻き、かんぴょうで縛って昆布巻きにもする。新年、親戚が集まったときに必ずこれをお出しする。昭和40年頃までの恒例だったが、ハゼが不漁になって途絶えてしまった。

岩手県浄土浜周辺では、同じ方法で作る干したハゼで、正月の雑煮のダシにする風習が残っている。ハゼは、生もさることながら焼いて干すとじつに上品な味が出る、貴重な魚である。

「ハゼの洗い」は、小学生のときに習った最初の漁師料理だ。ハゼのウロコを引き、三枚に下ろしてザルに並べ、上から熱湯をかけると皮目が縮れてきゅっと身が締まる。すぐに冷水にさらし、水気を切ってからショウガ醬油でいただく。かすかにハゼの甘みを感じる逸品である。

これは深川古石場にあった船宿「大平《たいへい》」の親方が、お忍びで見えた釣りが大好きな皇族にご賞味いただき絶賛されたという自慢の料理。だがお付きの宮内庁職員から、「以後、絶対にこんなことをしないように」と、きつく叱責されたと笑っていた。

ハゼは刺身にもなるが、江戸前船頭から習った最も美味い食べ方はヅケ（漬け）である。三枚に下ろし皮を引いたハゼをニンニクをすりおろした醤油に15分ほど漬けてから飯にのせる。そのまま食べてもいいが、茶漬けにするとさらに絶品。このヅケを一晩置くと、ハゼの身がこげ茶色になり表面にヌルが出る。これを熱々のご飯にのせると、思わずうなってしまうほどうまい。深川漁師がいつからこんな料理法を考えたかは不明だが、刺身よりは数段上の味覚で、生きたハゼならではの料理法である。

ハゼの洗い

ハゼのづけ丼と卵の刺身（上とも、『至高の釣魚料理』写真・中村修　主婦と生活社より）

釣り仲間の長老から「おい、俺が死ぬまでにもう一度あれを食わせろ」と、冗談まじりでリクエストを受けていたのが、「ハゼの卵の塩辛」である。11月中旬から1月にかけて、メスのハゼは、色鮮やかな黄色い卵を持つ。これを塩水で洗い、塩と酒を加えて1週間ほど置いて発酵させる。100尾のハゼを使っても猪口に1杯程度しか作ることができない貴重品だが、酒の肴にはもってこいである。

ほかには、空揚げ、南蛮漬けなどがポピュラーな定番料理である。

## アサリ

地先でいくらでもアサリが掘れた時代のことだが、汁からはみだすほどアサリが入った味噌汁が深川流である。ダシを使わなくても、たっぷりのアサリがいい風味を出してくれた。

わが家の食卓にのった、「あさりご飯」いわゆる「深川飯」の作り方を紹介しよう。アサリのむき身を酒と醬油、隠し味程度の砂糖を加えてあっさりと煮る。この煮汁水を加え、油揚げと一緒にご飯を炊き、蒸らしに入ったところで煮たアサリを加える。最後に、ネギのみじん切りを散らして混ぜるだけ。

子どもの頃、これはうまいと思ったのは、「あさり鍋」、「深川鍋」だった。すき焼きの牛肉の代わりにアサリのむき身を使った鍋である。鍋に酒、砂糖、醬油を入れ、煮立ったらアサリのむき身を大量に入れ、長ネギ、白菜、椎茸、焼き豆腐などを入れる。アサリの身は小さくなってしまうからスプーンですくって食べる。野菜や焼き豆腐にアサリの風味が染みるご馳走だった。たった一度だけ松茸が入ったアサリ鍋を父が作ってくれた。その味は、50年以上たった今も忘れがたい。味噌仕立てにもしたが味は甲乙つけがたかった。

これを丼にかければ深川丼である。一般的にはアサリのむき身を鍋にたっぷり入れ、合わせ味噌、酒、砂糖でこってり味をつけ、長ネギの斜め切りを散らして丼飯にかける。浅草の屋台で売られた深川丼は、これに豆腐や油揚げを加えていたようである。飲食店で出す場合は少量のアサリで風味を出し、ボリューム感を出すために鳴門巻き、豆腐などの具材を加えることもある。

惣菜としては、「アサリの卯の花煮」もよく食卓にのぼった。アサリを甘辛く煮付けておき、炒ったオカラに合わせて煮込む料理である。味がほとんどないオカラにアサリから出た味が染み、冷めても美味しい料理である。

第1章でご紹介した「焼きあさり」は家庭でも簡単にできる。大粒のアサリを選んで竹串に刺し、まずは素焼きにする。火が通ったら、生醬油につけてもう一度火にかけてあぶる。たったこれだけだが、うまい！　焼きすぎると醬油が焦げて苦味が出るので、軽くあぶる程度でいい。

## ハマグリ

下町でもハマグリは高価で、祝い事があったときに潮汁としていただく程度であった。三つ葉と吸い口に散らす柚子の風味が子どもの頃から好きだった。当時は練炭火鉢があったから、大きな焼きハマグリがおやつになったこともある。餅網にのせて直火で焼くが、片側の貝柱を切っておくことなど知らなかったから、火が通って貝が口を開けると、上の殻に身がついてしまう。そこであわてて貝をひっくり返して醬油をたらす。ハマグリの身のぬるっとした舌触りと風味はもちろんうまいが、醬油味の汁がいい。熱い殻をふうふう言いながらつまんで、汁を少しずつ飲んだものである。

食べ終わった殻は、内側に絵を描いて絵合わせをしたり、殻の尻をコンクリートにこすりつけて穴を開け、貝笛を作って遊んだりした。むき身を天ぷらにして食べたことは数えるほどしかなかったが、ハマグリが含む水分がはじけ飛んで大変な騒ぎとなった。

ちょっとお値段が高い鮨屋に行けば煮ハマグリがある。これが不味かろうはずがないが、一般家庭で高価なハマグリを煮ることは、ほとんどなかった。

## バカガイ（アオヤギ）

刺身で食べるのは、その日に剝《む》いてもらったベロと小柱だけだった。アオヤギのはらわたには、砂のほかにさまざまなものが入っており腐敗も早いから捨ててしまう。可食部分はベロと小柱だけである。

ベロを使った定番料理は、「バカのヌタ」である。さっと湯がいたベロに、短冊に切って、湯通しした長ネギと辛子酢味噌で和えるだけという手軽な料理だ。父の好物であったが、子どもの舌には合わない料理で、私はほとんど手をつけなかった。そのうまさを知るのは成人してからのことになる。

小柱は、なんといってもかき揚げがいい。三つ葉かネギ、タマネギのみじん切りと合わせ、カラッと揚げる。ご飯のおかずにもするが、夏は冷たいソバに添えて出し、冬は煮込みうどんにのせるというスタイルがわが家の定番だった。

天ぷら、とくにかき揚げのときは、父が台所に立つのが常であった。私が料理をするようになったのは、そんな父の背中を見ていたからのようだ。ただし、跡片付けが下手なのも、父譲りで、「料理してくれるのはうれしいけど、後始末がいつも大変」というのが母の口癖であった。

## アジ（鰺）

高名な料理家がテレビ番組で「アジの叩き」を紹介するまでは、アジこそが大衆魚の王様で、サバよりも安かった。江戸前で好まれたのは15センチほどの小アジ。これは煮ても、天ぷらやフライにしてもいい。どんな料理にも向く「あじ」であった。

小アジは、砂糖と醬油、ショウガで鍋いっぱいに煮込んで、お代わり自由がわが家の作法。一人で4、5尾はぺろりと食べた。なにしろひと山いくらの世界。昭和35年頃まで、毎日ご用聞きに来ていたなじみの魚屋は、アジのはらわたを出し、硬い鱗のゼゴを引いてから届けてくれた。

15センチに満たないアジはジンタと呼ぶ。銀色の口臭消しの仁丹が語源だが、これは丸干しにする。海水と同じ濃度の塩水に1時間ほど漬けてから、カラカラに干し上げる。これを炙ると、骨まで食べられる。

中学時代に漁師から教わった食べ方はアジの手開き。まず小アジの頭をもぎ取る。つぎに肩の部分から皮を引き、腹に親指を入れ、爪で骨から身をそぎ取る。それぞれの半身を、海水で洗って口に放り込む。嚙んでいるとアジのかすかな甘みが口中に広がる。いまも沖でアジが釣れると、当時を懐かしんでこれをやってみる。じつに野趣に富んだ風味である。

**スズキ（鱸）**

江戸前でスズキが捕れることはまれで、60センチ以下のフッコ、30センチ以下のセイゴが主体だった。いずれも塩焼きがポピュラーな料理であるが、わが家は薄味に煮付けていた。ヒレの周辺に隠し包丁を入れておくと、身がはぜて骨離れがいい。「身がそっくり返らないような魚は、捨ててしまえ」が家訓で、鮮度の良し悪しを見分ける方法のひとつだった。

大きなフッコは、切り身にして味噌漬けや粕漬けにする。味噌漬けは、味噌に酒、醤油をくわえてのばし、身を直に漬けてしまう。これは焼いたときの皮がうまい。とろっと柔らかく、香ばしさがなんともいえない。粕漬けは、切り身に塩をしてしばらく置く。酒粕を酒で溶いてのばし、身をガーゼにくるんで2日ほど漬け込む。夏は辛い味噌漬け、冬は甘い粕漬けがいい。

フッコ、スズキの洗いもポピュラーな伝統料理だが、これにもちょっとしたコツがある。そぎ切りした身を、50度くらいのぬるま湯で洗う。こうすると余分な脂が落ちて、冷水にさらしたときの身の締りがよくなる。

井原西鶴も好んだ、「鱸の蜘蛛腸の汁物」の作り方を紹介しておこう。スズキの腸、胃袋、浮き袋を包丁で開き、塩をまぶして汚れをもみ洗いする。水気を切ったら、網で焼いて器に入れて熱湯を注ぎ、三つ葉、柚子などを浮かす。たったこれだけだが、絶妙な味である。簡単に作るには、フライパンではらわたを炒め、湯を注いで塩で味を調えるだけでいい。これに茹でた温麵を加えると、ボリューム感ある一品に変身する。ただし鮮度のいいスズキでしか作ることができない。

セイゴ、フッコは天ぷら種にも向く。揚げたてに塩を振ってご賞味いただけば江戸前の味を楽しむことができる。

**ボラ（鯔）、アナゴ（穴子）、カレイ（鰈）**

ボラの臍《へそ》と呼ばれる胃袋は開いて汚れを洗い流し、串に刺して塩を振り、焼き鳥の要領で焼くだけという簡単な料理だ。こりこりした食感は、美味というより珍味という言葉が当てはまる。これはおそらく、江戸前釣り師が考案した料理法だろう。

アナゴは、白焼き、甘煮、ゴボウに巻いて甘辛く煮る八幡巻き、ちらし鮨などが家庭料理であった。鮨屋で使うツメ（詰め、煮詰め）とよばれる甘いタレは、寒のアナゴの頭、骨をあぶってダシを取り、砂糖、醬油、みりんで味を調え、煮詰めていく。

マコガレイは新鮮なら刺身がお勧め。煮魚に向くが、塩焼きも結構いける。塩を振って天日に干すと贅沢な一夜干しになる。

**初鰹《はつがつお》**

最後に、江戸の魚食文化を代表した初鰹にも触れておこう。

江戸で珍重されたカツオは、江戸前の産ではなく相模湾で捕れたものである。釣り人以外はあまりご存じないかもしれないが、相模湾はいまも上りガツオや戻りカツオが回遊してくる好漁場である。美味さでいえば脂がのった戻りのほうが断然いい。しかし鮮度が落ちるのも早い。鮮度が落ちれば食中《しょくあた》りの危険も高くなる。そこで脂がまだあまりのっていない春のカツオが江戸に運ばれ、高値で取引されたのであろう。保冷技術がほとんどなく、白身魚やアジ、サバなど青物が中心の江戸時代、赤身のカツオは「めったに口にできないご馳走」であったにちがいない。

現在のサラリーマンの１ヶ月分の給料でも買えなかったこの初鰹だが、「女房を質に入れても」食さなければ江戸っ子の恥ともされた。江戸初期の俳人、松尾芭蕉は、「鎌倉を生きて出でけむ初鰹」と詠んでいる。

ところがいつしか、たかがカツオに大枚をはたく愚かさに江戸っ子たちもようやく気づいたようで、江戸後期の俳人、小林一茶になると、「大江戸や犬もありつく初鰹」となってしまう。同じカツオでありながらなんと評価の違うことか。世の流行廃れ、商人の商売上手、愛すべき江戸っ子の粗忽さ、あきっぽさが、初鰹に対する一時の思い込みに見て取れる句である。

# 第6章　豊饒の漁場・江戸前

徳川幕府の台所はもちろん、江戸町民の食卓を賑わした江戸前の魚介に関する漁法をわかりやすく解説。「江戸前の牡蠣」や、家康がこよなく愛した白魚漁にまつわる秘話は、戦後も粛々と白魚を獲り徳川家に献上し続けた「最後の佃漁師」から直接聞き取った。

神奈川県の観音埼灯台と千葉県富津の先端を結ぶ以北に広がる東京湾は、何本もの河川が流れ込み日本一豊かな汽水域を作り出している。山の腐葉土からしみ出た栄養分をたっぷり含んだ真水つまり淡水には、海で育つ動物性プランクトンの餌となる植物性プランクトンを大量に発生させる力がある。植物性プランクトン→動物性プランクトン→甲殻類・プランクトンフィーダー→雑食性魚→フィッシュイーター（魚食性魚）という大まかな食物連鎖・食物順位ができ上がり、それぞれの世代交代が繰り返されている。浅瀬と汽水は産卵場ともなる海草や海藻が繁茂し、稚魚が育ち、外敵から身を守るのに適した「海のゆりかご」とも呼ばれる絶好の棲息環境を作り出している。

東京湾を遠くから包み込む奥多摩の山々、丹沢山塊、遠くは群馬県や栃木県の山々、房総丘陵の山から運ばれる川の水が江戸前の海に限りない滋養を注ぎ、海の幸を生み出している。近年、「海の幸は山が育てる」ことに注目し、漁民たちが山に落葉樹を植える運動が各地で起こっているのはこうした理由による。

海に流れ込む河川が大きいほど、河口の前に砂や土が堆積し浅瀬が大きく広がり汽水域ができる。しかもそこが湾になっていたからこそ、全国一の汽水域が形成された。その結果、「単位面積あたりの漁獲高日本一」の座に君臨する誇るべき生産力の歴史をもっていた。

似た形状をもつ鹿児島湾とよく比較されるが、東京湾の漁獲高は、鹿児島湾をはるかにしのいできた。鹿児島湾には、東京湾ほど河川が流れ込んでいないことが最大の原因とされる。

徳川家康が江戸に入府する以前、海辺には小さな漁村が点在していた。やがて急速に都市化と人口増加が進み、その台所をまかなうために家康は摂津の国・佃村から漁民を呼び寄せ、佃島に居住権と優先的漁業権を与える。佃漁師の末裔たちは、家康から与えられた「汐水三合さすところは余の台所。漁すること構いなし」（のちに芝漁民にも同様の特権を与えた）という佃漁師の口伝を大事に語り継ぎ、家康が好物であったと伝えられる白魚漁をはじめ、江戸前の海を縦横に走り回って漁をしていた。

江戸前の漁業というと、とかく佃漁民が脚光を浴びるが、先住の大森、品川、芝、深川などの漁民たちも、アサリ、ハマグリなどの貝、エビ、イカやアジ、イワシ、スズキなど江戸前の海に回遊する魚を捕って生計を立ててきた。浅草海苔など江戸を代表する養殖を手がけたのも、先住漁民たちであった。その長い歴史と伝統は、明治、大正、昭和へと引き継がれていった。

## 江戸前のすべてを語る本

江戸前の海がいかに豊饒の海だったかは、江戸時代に書かれたさまざまな書物や書画からも推測できる。だが、残念ながら具体的な漁獲高は断片的な記録でしか残っていない。ある程度正確な記録として残っているのは明治32年以降からである。その少し前から政府は漁業振興に本腰を入れ、漁業協同組合の結成を奨励する。江戸時代から争いを繰り返していた各漁村間に漁法と漁場に関する取り決めができ、漁場をめぐる紛争は少なくなり、江戸前漁業は最盛期を迎えることになる。

本文を読みすすめる前に、次頁の表をご覧いただきたい。江戸前で水揚げされた主要44種の魚介類に関する明治32年から昭和40年までの漁獲高統計から、なじみのある魚介類を選んで年度別ベスト3を一覧表にしてみた。これは、戦前の東京府水産課、戦後改称された東京都水産課で集計した資料に基づいている。とくに単位がトンであることを考慮に入れてよく見ていただきたい。

このすべてが狭い江戸前だけを漁場としていることに驚かれることだろう。私が長々と江戸前の定義にこだわって書いてきた理由のひとつも、このたぐいまれな豊饒の海であることを証明する伏線であった。

たとえば、最近めっきり釣れなくなってしまった「江戸前のカレイ」だが、昭和5年に記録された165トンという数字は、一尾を200グラムとすれば約82万尾という数

## 江戸前漁獲高ベスト3（明治32年～昭和32年）

単位：トン（小数点以下四捨五入）カレイにはヒラメも含む

| 魚名 | 1位 | 年度 | 2位 | 年度 | 3位 | 年度 |
|---|---|---|---|---|---|---|
| アジ | 309 | 大正13年 | 255 | 大正11年 | 41 | 明治33年 |
| サバ | 29 | 昭和9年 | 11 | 大正14年 | 2 | 明治40年 |
| マダイ | 158 | 明治33年 | 14 | 大正14年 | 10 | 大正13年 |
| カレイ | 165 | 昭和5年 | 163 | 昭和29年 | 161 | 昭和1年 |
| ハゼ | 383 | 昭和15年 | 318 | 昭和29年 | 257 | 昭和14年 |
| マルタ | 127 | 昭和29年 | 126 | 昭和28年 | 106 | 昭和27年 |
| スズキ | 2121 | 昭和32年 | 238 | 昭和29年 | 197 | 昭和30年 |
| マゴチ | 58 | 明治33年 | 33 | 明治32年 | 31 | 明治36年 |
| クロダイ | 227 | 明治33年 | 171 | 明治36年 | 162 | 明治38年 |
| アナゴ | 338 | 昭和7年 | 268 | 昭和8年 | 128 | 昭和29年 |
| ウナギ | 439 | 昭和15年 | 331 | 昭和7年 | 323 | 昭和14年 |
| サワラ | 157 | 大正12年 | 155 | 大正13年 | 9 | 大正1年 |
| ボラ | 728 | 昭和5年 | 639 | 昭和7年 | 541 | 昭和9年 |
| シラウオ | 66 | 昭和18年 | 59 | 昭和9年 | 58 | 昭和8年 |
| イカ | 68 | 昭和7年 | 59 | 昭和8年 | 45 | 大正11年 |
| サヨリ | 19.9 | 明治43年 | 19.6 | 明治41年 | 19.6 | 明治42年 |
| ギンポ | 24 | 昭和30年 | 20 | 昭和32年 | 18 | 明治40年 |
| カニ | 657 | 大正11年 | 479 | 昭和7年 | 459 | 明治32年 |
| シャコ | 1498 | 昭和7年 | 1490 | 昭和8年 | 1084 | 昭和9年 |
| 芝エビ | 394 | 明治42年 | 297 | 昭和1年 | 285 | 昭和8年 |
| 牡蠣 | 2842 | 昭和7年 | 2424 | 昭和6年 | 1920 | 昭和8年 |
| ハマグリ | 10585 | 昭和18年 | 6170 | 昭和30年 | 5663 | 昭和19年 |
| アサリ | 33518 | 昭和32年 | 28001 | 昭和30年 | 22762 | 昭和14年 |
| 赤貝 | 1522 | 昭和29年 | 1078 | 昭和20年 | 512 | 昭和28年 |
| トリガイ | 246 | 昭和28年 | 225 | 昭和27年 | 150 | 昭和29年 |
| タイラギ | 117 | 昭和29年 | 103 | 昭和30年 | 94 | 昭和31年 |
| シジミ | 3012 | 昭和14年 | 1550 | 昭和15年 | 1511 | 昭和13年 |
| 浅草ノリ | 16846 | 昭和1年 | 16357 | 大正14年 | 16221 | 昭和9年 |

（貫目表示はトン換算に修正してある）出典：『東京都内湾漁業興亡史』

になる。ハゼは、おそらく数億の単位で捕れていたと推定されている。

ほかの魚も平均のキロあたり何尾かという計算をしていただけば、かつて江戸前の海には魚介類がびっしり敷き詰められた「夢のような漁場」であったことが容易にわかる。江戸前の鮨や天ぷらに使われる新鮮な食材のほとんどが、文字通り江戸前で調達できたわけである。

もしこの数字が現在もつづいていれば、我われ釣り愛好家も、アジやカレイ、アナゴ、ハゼを釣るためにはるばる千葉県や神奈川県沖まで出かけなくてすんだ。経済成長と人口の都市集中による無計画な埋め立てや海洋汚染による自然破壊という愚かしい行為が、いかに生態系にダメージを与えたことか……。

魚以外でも浅草海苔の養殖はもちろんのこと、牡蠣の養殖高では広島を抜いて全国1位を4度も記録している。渚ときれいな海でしか採れないハマグリの量も半端ではなかった。ハマグリは深川漁師町や品川漁師町が江戸幕府に献上していたが、アサリやシジミの宝庫でもあった。昭和35年頃までは、ハゼ釣りに飽きると浅瀬では大きなハマグリやアサリ、河口ではシジミを掘って遊ぶことができた。

掲載した漁業統計資料はすべて『東京都内湾漁業興亡史』という本に収録されている。東京都漁連が江戸前のすべての漁業権を放棄するにあたり、補償金の一部を製作費に拠出して編纂された貴重な本である。私がこの本を手にしたのは昭和48年のことだった。

たまたま知り合った深川の元漁師から「自分が持っていても一文の価値もないからよ、興味があるならおめえさんがもらってくれよ」、そう言っていただいた本である。私が知りたかった歴史や有史以前からの「江戸前の素顔」が書かれていた。手にしてパラパラとページをめくっただけで、震えるほどの感動を覚えた。東京湾の成り立ちから江戸前漁場図、漁法解説など詳細に図解されていたからである。

後日、釣りと江戸前をテーマにライターになろうという動機づけとなった本である。しかし縁あって『つり情報』という雑誌の編集部に入り釣り記者、編集長という道にすすんだが、座右の書として常に私の書棚の一番手にとりやすい場所に鎮座している。

**漁獲データには隠された秘密が！**

ただしこの本のデータには、惜しいことに欠陥がある。もう時効でだれも刑事罰を受けるおそれがないから真実を書き残しておくことにする。

それは昭和35年以降の漁獲データである。実際には本州製紙から排出される汚染水や生活排水による江戸前の汚染や埋め立てで、漁獲高は激減しているはず。しかしデータ上は逆に漁獲高が急増している。これに不審をいだき昭和56年、東京都漁連へ調査に出向いた。そのとき担当者が「実はこれが本当の漁獲データです」と昭和35年以降の漁獲高に関する「裏帳簿」をコピーしてくれた。

漁獲データのねつ造が行われたのは、漁業権放棄（正しくは漁場汚染への補償）の代償としての補償金算定の基礎になる漁獲データを各漁協が水増し報告をしたからである。そこで心ある担当者が実態調査した結果を集計したのが「裏帳簿」だった。

現在でも漁業補償が行われるときには、こうしたことがまかり通る風習があるようだ。私の知人は、ある漁協の組合員の権利を買った。漁師でもない彼は「埋め立てや公害、水門なんかで間違いなく問題が起こるから、そのたびに補償金がちょくちょく入ってくる。こたえられないぜ」と公言してはばからない。

だから「江戸前漁獲高ベスト3」に、ねつ造が疑われる昭和33年以降のデータは外してある。

もう一つ、明治時代の漁獲高データがどこまで正確なのかに多少の疑問が残る。なにしろ「鯖を読む」時代の延長だから、捕れた魚のすべてを秤で計量したのかという点についてである。しかし昔の人の目方に関する勘は鋭いものがある。実家は米屋だったが、父が袋に詰めた米を手に持った感じで目方を予測すると、50キログラムで100グラムと違わなかったから、たとえ籠や樽などに入った魚を目分量で計量したとしても、それほど大きな誤差はなかったことだろう。

データはA4判で八ページにもなるのですべてを紹介するわけにはいかないが、いくつかおもしろい傾向を見つけることができる。まず戦争が起こると江戸前の漁獲が増えている点である。大型船の往来が規制され、工場からの排水も少なくなるために水が澄み、江戸前の海も河口部も、たくさんの魚介類が生息する絶好の環境が整うわけだ。これは日清、日露の戦時中にも見られた現象だとされている。『江戸前の味』の著者である長崎福三氏は、戦時中にお茶の水の聖橋の上からアオギスの姿を見たという。

また、漁獲高の推移を見ていると、魚ごとの豊漁と不漁の周期が数字に現れている。たとえば江戸前のカレイは、約6年周期で豊漁と不漁が繰り返されている。アジの豊漁は8年つづき、数年不漁の後にまた8年の豊漁がつづいている。比較的コンスタントな漁獲がつづいていたのがウナギだ。サケと同様に母川回帰が働いているためだろうか。

## 江戸前の海、栄枯盛衰を探る

江戸前のどこでどんな魚介が捕れていたのか、169頁の明治30年代の漁場図でじっくりご覧いただきたい。現在の海岸線には湾岸道路が走っている。江戸川河口から多摩川河口まで、車を使って時速80キロで走れば20分足らずの距離である。わずかこれだけの漁場で前記した漁獲高を上げていたことは驚異的といってもいいだろう。

時をさかのぼること12万〜13万年前、現在の関東平野のほとんどが「古東京湾」と呼ばれる海だった。地球が温暖化し海水温も上昇すると氷河が溶け出し、海面が上昇する「海進」という現象が起こった。埼玉県や群馬県など「海がない県」でも貝が出土するのは、太古は海だった証しである。逆に氷河期になると海面が大きく下がる「海退」という現象が起こり、壮大な陸地が出現する。

東京湾の海図を見ると、浦賀水道から湾口に向けて「古東京川」という海溝が書かれている。５００メートルを越す壮大な峡谷のような海底の形状を作り出している。これは海面が大きく下がる「海退」という現象によって房総半島と三浦半島が大きく露出したが、かつて多摩川や東京湾に注いでいた利根川が外海に流れ出ていた名残りである。そこは現在、タチウオやアカムツ、シロムツなどの釣り場として残っている。

こうした海進と海退を繰り返し、今から約６０００年前の縄文前期に、ほぼ現在に近い（江戸時代以降の埋め立てを除く）東京湾の形状におさまった。その当時との違いといえば、房総半島が現在よりリアス式に近い形状をしていたことだ。

この頃から沿岸には縄文人が住むようになり、東京湾を取り巻くように貝塚が各地に残っている。大森貝塚が代表的だが、神奈川県の夏島貝塚や横須賀の平板貝塚をはじめ東京や千葉では多くの貝塚が発見されている。

記録によれば江戸時代には、サワラやブリなど外洋性の魚のみならず、クジラも湾内を回遊していた。千葉県勝山は東京湾では最古の捕鯨漁業の基地になっていた。

千葉県市川市などではクジラの化石が発見されている。このことから湾奥には、かなりのクジラが渚で捕獲されていたとされる。近年、多摩川にアゴヒゲアザラシの「タマ

## 東京湾漁場調査報告による明治30年代の内湾漁場図

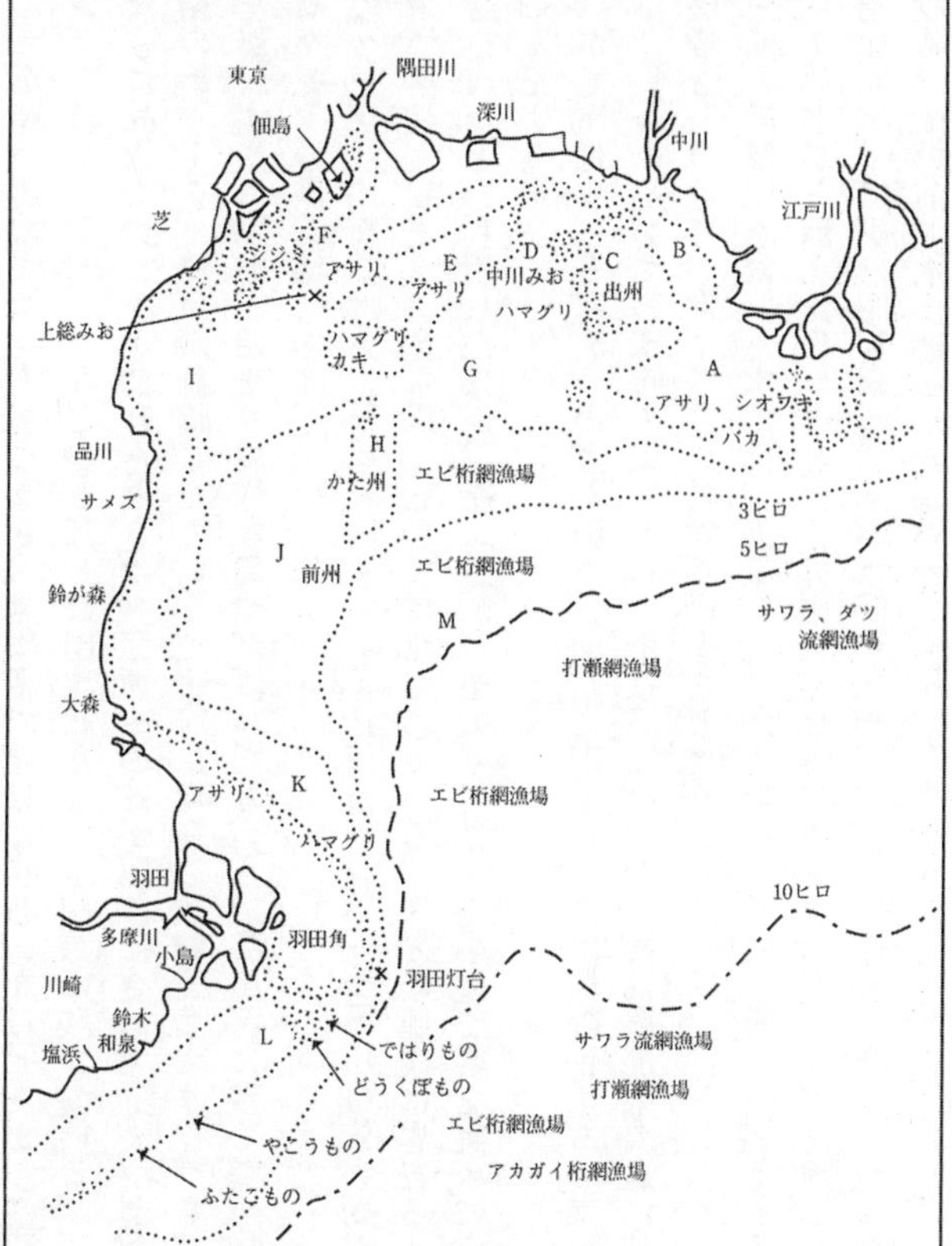


（『東京都内湾漁業興亡史』より）１ヒロは約1.5メートル

ちゃん」が迷い込んでニュースになり、見物客で連日にぎわいをみせたが、江戸時代にはクジラのほか、アザラシなどがしばしば出現したことが記録に残っている。

ちなみに品川でクジラが捕れたときは、江戸中の船が駆り出されてクジラ見物で賑わい、船のチャーター料金が急騰したという。幕府は現在の浜離宮までクジラを運ばせ見物したが、すでに腐敗が始まり異様な臭気が漂ったという。品川区に残る鯨塚は、この巨大なクジラの供養塔である。

このクジラは、漁師町の名主たちによって入札が行われ、「宇田川町佐兵衛が四一両三分余で落札」したと『寛永録　五巻』に記されている。法外な値段に思えるが、落札者は身や皮などを利用したほか、脂（鯨油）を取り、見せ物小屋で客を集めて金儲けをたくらんだようだ。

地球が寒冷化すると寒流系の魚が勢力を増して南下し、逆に温暖化すると南の魚が北上する。長いスパンでの寒暖の繰り返しで東京湾には、ときには寒流系の魚、時代によっては暖流系の魚と、常に豊富な魚類が回遊をしてきた。

江戸前の漁業史を書いた本には、漁業統計に示された最後に漁獲が記録された年をもって「江戸前から消えた日」として紹介されている。たとえばイワシは昭和24年、サワラは昭和元年、アジは昭和14年、サバは昭和10年、マダイは昭和7年、シラウオは昭和32年以降、江戸前で水揚げした記録がない。

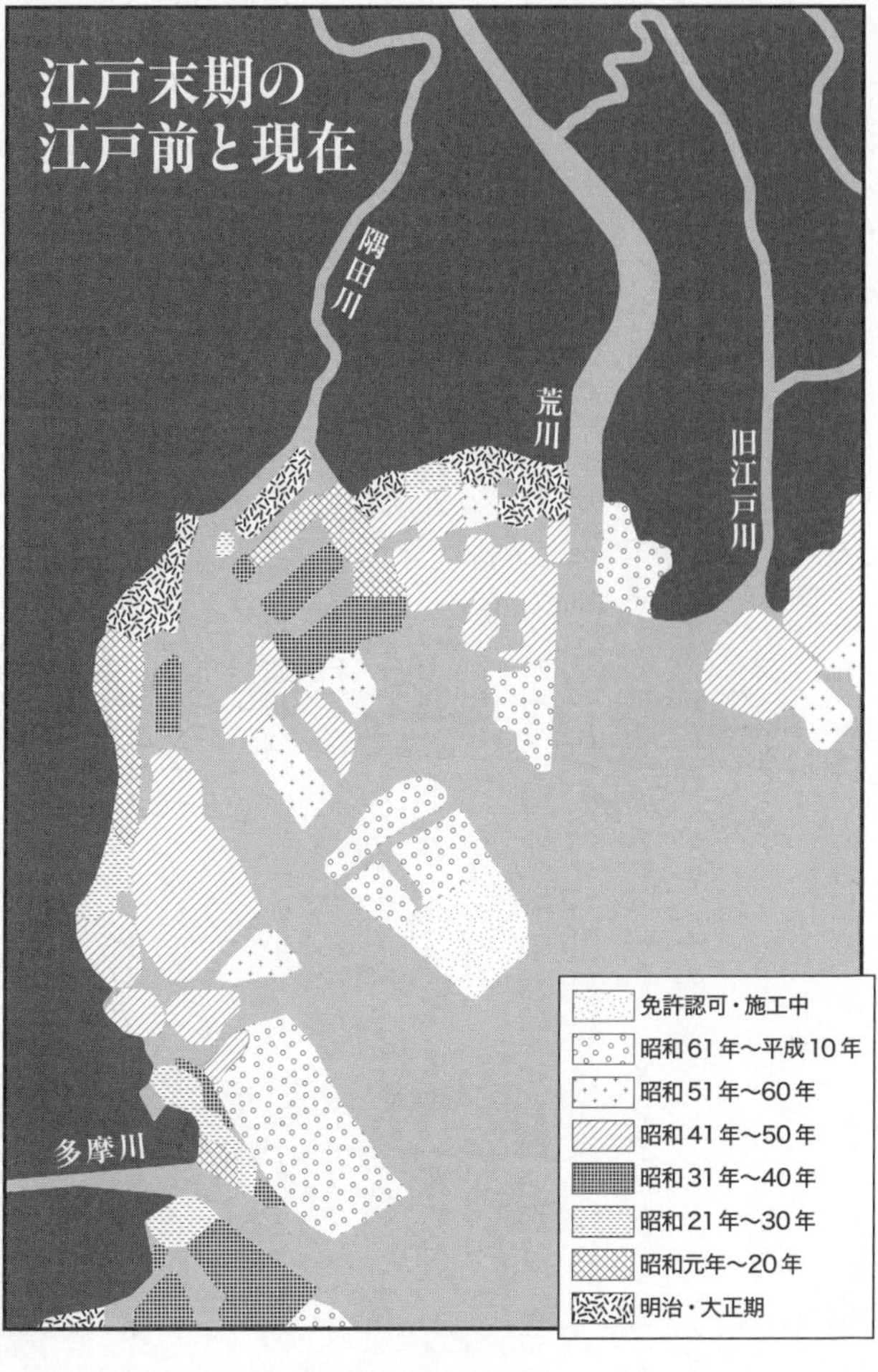
江戸末期の
江戸前と現在
隅田川
荒川
旧江戸川
多摩川
免許認可・施工中
昭和61年～平成10年
昭和51年～60年
昭和41年～50年
昭和31年～40年
昭和21年～30年
昭和元年～20年
明治・大正期

しかしこれはあくまでも、漁師が採算に合う漁としての話であって、これらの魚がまったく江戸前から姿を消してしまうのは、漁業統計記録よりもずっと後のことになる。むしろ今でも棲息している魚も少なくない。平成14年には、東京ディズニーランドの前までイナダの大きな群れが入り込み話題になったのがその例である。シラウオさえわずかだがまだ江戸前に棲息している。

小学校時代に東京を襲った大きな台風が通過後、家の前の小名木川で掬った大きな魚は、なんとサバだった。荒れた江戸前海を嫌って川に迷い込んでしまったのだろう。サバに関していえば、江戸時代に書かれた釣りの本に、「最近釣れなくなったもの、品川の鯖」とある。江戸時代、品川沖ではサバが釣れていたのである。まあ、「最近は釣れなくなった」というのは、釣り人の口癖のようでもあるが……。

いずれにせよ、169頁に掲載した漁場図を見ておわかりのとおり江戸前の海は、魚が世代交代を繰り返すために絶好の浅瀬に囲まれていた。河川が作り出す汽水域に含まれる豊富なプランクトン、堆積土に生息する環虫類。産卵や稚魚の成育には絶好の環境が整い、豊富な食物連鎖の中で江戸前の漁業が花開いていったのである。

## 家康の漁業振興策

江戸前の海がいかに豊かであったとしても、魚介を捕る漁師、それを買い上げる市場と消費者がいなければ、文字通り「宝の持ち腐れ」になってしまう。

江戸前の海には、家康が江戸に入府する以前にも漁師が存在したが、わずかな人口で細々とした漁をしていたようだ。江戸前が漁場として脚光を浴びたのは、家康が先鞭をつけたようだ。

家康の江戸城入府後、摂津国西成郡佃村・大和田村から森孫右衛門、その弟・九左衛門、忠兵衛らの漁師が江戸に入り、安藤対馬守の邸内に起居し、家康に白魚をはじめ鮮魚を供していた。

その答礼として、幕府は佃漁師にさまざまな特権を与えた。まずは佃島の埋め立て。正保元年（1644年）には、大川が運んだ土砂でできた洲の上に土盛りを施し、8550坪の島を築造し、80軒、160名が移り住み、忠兵衛が名主となる。幕府は、白魚漁に関する特権のほか、なんと帯刀の許可まで与えたが、漁師に刀は不便なので、と返上したという。ただ佃島には耕地がない。そこで深川八幡宮前の土地800坪余を下賜され佃町の称を得ることになる。

佃漁師は家康に忠誠を誓い、以後、浜御殿（現在の浜離宮）へ遊びに出るときは舟を出し、網を打って漁の様子をご覧にいれ、魚を幕府に献上するようになる。

日本橋魚市場を創設し、江戸庶民の台所を作り上げることにも佃漁師が貢献した。

しかしその後、江戸の町は急速な都市化や人口増加が進み百万都市へと発展する。す

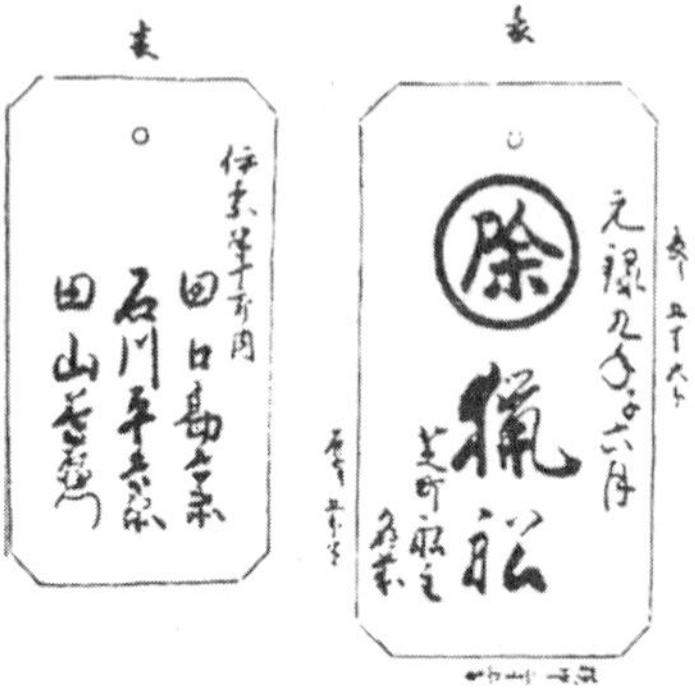

言の字船に下付された焼印札（『港区史』より）

ると佃漁師だけの水揚げでは幕府や城下町の台所はとうていまかなえない。そこで従来から漁をしてきた江戸前の各浦、芝、品川などの漁師町にも、幕府への魚介献上を条件に租税免除の特権を与えることになる。それが「言の字船」と呼ばれるもので、のぼり、提灯などに無税の印である「言」の文字を書き焼印をおしたりして一般の漁舟と差別化をはかった。

　本芝、芝金杉、品川、御林浦（現・鮫洲）、羽田、生麦、新宿、神奈川が幕府に魚介を献上したことから「御菜八ケ浦」と呼ばれるようになる。のちに深川、葛西などにも御菜浦としての特権が認められ租税が免除される。

　静かな海岸線が続く江戸前の浦々には、漁村が沿岸に連続していた。彼らこそが江戸に住む人々の魚介をまかなう重責を背負うことになる。文化14年（1817年）の調査で、各漁師町が保有していた舟の数は品川漁師町53隻、大井御林浦45隻、生麦村37隻、新宿村52隻、神奈川漁師町54隻。この大半が3、4人乗りの小さな舟である。舟の漕ぎ手、網入れ、網上げの乗り子という組み合わせだろう。

参勤交代で地方大名を江戸に呼び寄せ、下屋敷を建造させる一方で、食の需要を満たすため、漁民育成へも着実な施策を施していくあたりが、家康以来の徳川幕府が安泰であった理由のひとつであろう。

ただ、佃漁民へ与えた特権は、その後、ほかの漁民たちと漁場をめぐる争いを起こす火種になった。江戸前の海は、一部の地先漁業をのぞいて、基本的には「入会漁場」、どこの漁師でも漁をしてよいという暗黙の了解のもとに成立していた。スズキが深川沖に集まれば、品川、大森の漁師が舟でかけつけ漁をしていた。

ところが佃漁民は白魚の特権的な漁業のみならず各浦の地先にも網をかけた。乱暴な言い方をすれば傍若無人に振る舞ったようである。記録に残るものでは佃漁民が他の浦の浜でも地引網を引いた。何隻かの舟に乗って浜にやってきて、エンヤコラと地引網を引かれたら、その浜の漁民が怒るのは当然だろう。だが幕府はそれすら「構いなし」と裁定した。

元禄13年（１７００年）には、佃漁民が幕府に「湾内の漁民がオボコ（ボラの稚魚）を乱獲している」と訴え出る。すると幕府はすぐさま神奈川から船橋にかけての漁民に「六月一五日以前のボラ漁を禁ずる」とお触れを発する。以来、佃漁民は6月15日の「初鰡《はつぼら》」を幕府に献上するようになる。これは佃漁民が稚魚の保護を考えたと言えなくもない。だがボラは生命力が強く絶滅が心配されるような魚ではない。それを禁漁とされた漁民にとってはかなりの痛手であったに違いない。その恨みがあってか、佃漁師が稚魚を「佃煮」にするのは「資源保護の観点から重大」と品川漁民のおかみさんたちが幕府に訴え出る。だがこれまた「却下」となってしまった。

こうして佃漁師と江戸前の先住漁民たちは、数々の漁業紛争を起こす。そのたびにお上の裁定はことごとく「佃漁民の勝訴」となった。この対立はかなり深刻で、徳川幕府崩壊後、明治時代にまで持ち越された。

明治政府も佃漁民に白魚に関して優先的な漁業権を与えた。品川や芝、深川の組合が「白魚に関して佃漁師にだけ専用漁業権を与えるのは、相互親睦の精神で漁を続けてきた内湾漁業の実態に反する」と陳情したが、明治政府も江戸時代からの慣習を認め、佃漁師の白魚に関する独占的権利を認めている。ただし、これに関しては、佃漁民が漁獲高減少によって経営的に窮地に陥っていたことに対する配慮があったとも言われている。

やがて明治政府の漁業振興政策の一環として漁業協同組合が結成される。このとき先住漁民たちは佃漁師を排斥し、明治21年まで組合への加入を認めなかった。対立の根の深さをうかがい知れるできごとである。

佃漁師の評判や評価に関して、悪しき面を強調したきらいはあるが、これに関しては少し説明を付け加えておく。漁業紛争というものはじつに判断が難しい。江戸漁業史を研究する学者は、佃漁民へ与えた特権のひとつは論功行賞であり、もうひとつは佃漁民の優れた漁法の普及にあったとする。たとえば、紀州の真鯛釣りを房州勝浦に伝えた南紀・雑賀埼《さいかざき》の漁民は、漁法のすべてを地元漁民に教える。ところがいったん漁法を覚えてしまうと、地元にとっては「やっかいな余所者」となり、結果として優れた雑賀埼漁民はその地を追われ、大原への移住をよぎなくされる。津軽海峡のマグロ漁法を伝えた房州勝浦漁民もまた北の地を追われてしまった。

そんな話は、漁村を回ればいくらでも聞くことができる。こうした漁村の閉鎖性、排他性が根底にあるので、なにが正しいのかを判定するのは難しい。そこで佃漁師の功績と合わせ、起こした紛争を紹介したしだいである。

## 江戸前の漁業

江戸前の海は水深が17メートル未満の遠浅の海であることが最大の特徴。したがって、大掛かりな漁具の助けを借りることなく魚介の採捕ができる。明治21年には、江戸時代からの漁法を継承して38職（38種類の漁法）に関して、東京内湾の漁業組合が結成され協定を結ぶことになる。これが漁業に関する「許可漁業」のはじまりである。

漁業の種類は、釣り、網、その他の漁法（うなぎ筒など）に分けることができる。

まず釣りであるが、効率の悪い一本釣りはクロダイなど限られた魚種で、多くは1本の縄に何百というはりを付けた延縄《はえなわ》漁が中心であった。縄鉢《なわばち》と呼ばれる桶の周囲には、はりを掛ける藁などが巻いてあり、餌をつけて仕掛けを巻いておく。戦後も江戸前の漁村では、船だまりに座り込んで黙々とハゼやキス、カレイ、アナゴ、そして鯛釣り用の延縄に餌を刺す漁民の姿を見ることができた。

延縄漁船の多くは夫婦舟で、一度だけ乗せてもらったことがある。船の速さに合わせて仕掛けを投入するその手さばきは見事であった。船を走らせながらはりを絡めないように海に入れていく、その呼吸がすばらしい。さすが夫婦舟！　縄を引き上げるときの様子も圧巻で、魚が掛かっていると瞬時にはりを外し、縄鉢にきれいに仕掛けを並べて戻す。船板の上には魚が暴れ足の踏み場もないが、生きたまま市場に出せるので魚価は高かったと言う。

網を使った漁では、江戸前の花はなんといっても投網であった。船の舳先に立ち、周囲が30メートルもある網を、白い大輪の花が咲くように海に向かって打つ。これも漕ぎ手と網打ちの呼吸が大事で、潮の流れや風向きを計算してタイミングを計る。網を打ち終わると綱を引いて徐々に絞っていく。名人は、魚が暴れる様子で、どんな魚がどのくらい掛かっているかを判断できた。

戦後はほとんどが観光用になってしまった投網だが、漁としてイワシやスズキ、フッコ、ボラ、クロダイなどである。屋形船では捕れたての魚を漁師が刺身や天ぷらにして客に振る舞った。

ほかには、白魚やボラを捕る四つ手網、小型定置網、長い壺状の巾着網、桁網など小型底引き網などがあった。

## 白魚漁にまつわる秘話

家康の好物であったとされるシラウオには、目の上に葵のご紋に似た模様があったことから幕府は取り扱いに慎重であった。京橋小網町にその跡が残る白魚橋の近くには「白魚屋敷」とよばれる専任の役宅があった。白魚役をおおせつかったのは2名の網元で、京橋をはさんで東白魚屋敷と西白魚屋敷があり、幕府への白魚納入を一手に仕切っていたという。そこは佃島とは目と鼻の距離にあり水揚げに便利だし、江戸城へは走ればほんの10分程の距離にある。

この屋敷は幕府から下賜されたもので、「白魚は鯛にも負けぬ屋敷持ち」と江戸川柳で皮肉られている。真鯛も家康が好んだ魚で、歴代の将軍家が買い上げた真鯛の数はかなりのものだけに、専門の業者はかなり潤ったようである。その真鯛と比較されるほどだから、「白魚お取り扱い指名業者」は、「おいしい商売」であ

シラウオ漁の四つ手網の模型

ったに違いない。

当初のシラウオの漁場は隅田川河口の近くにあった。「幕府御用達」のシラウオを捕るには大きな四つ手網と巾着網という二つの漁法が一般的だった。佃漁師の漁業権は江戸前の地先だけでなく、隅田川の上流、千住あたりまでおよんでいた。まさに「大川は白魚の泳ぐ川」であった。

徳川幕府が終焉をむかえ、世は明治になっても、シラウオは江戸庶民には人気があった魚で、漁は昭和まで続く。戦後、急速な都市化が進み、家庭や工業排水のたれ流しで川は汚れ水揚げは激減の一途をたどるが、最後に残ったシラウオの漁場は荒川河口だった。現在の湾岸道路や京葉線に架かる橋の少し上流部である。

そんなシラウオ漁に関して、昭和50年代の終わり頃、「最後の佃漁師」と言われた中沢弘さんの船に招待されて話を聞く機会があった。中沢さんを紹介してくれたのは、私が何度か船頭のアルバイトをした「東雲日の出屋」のご主人張替道男さん。中沢さんと同じ佃漁業協同組合に所属していた。

当時、佃でシラウオ漁を実際に経験したのは、中沢さんと組合長の高橋初太郎さんぐらいになっていた。中沢さんは、細身で温厚そうな風貌だが、漁師のわりに色が白い。しかし、外見とは違って威勢のいい口調で漁にまつわる秘話を聞かせてくれた。

「俺たち佃漁師はよ、白魚にしろアミジャコにしろ、夜の漁がほとんどだから、お天道様にあたらねえから日に焼けねえんだ。白魚はよ、まだ日が暮れねえ前に籤《くじ》を引いて網をかける場所を決めて網を仕掛ける。それで夜通しの漁よ。なにしろ白魚は、キロいくらじゃなくて、1チョボ（白魚独特の数え方で21尾が1チョボ）いくらだからな。昭和10年当時で1チョボが1銭5厘。いい値だろう。それが一晩でトロ箱5杯分も捕れたこともあったなあ。冬なんかはよ、七輪に火起こして夜なべ（徹夜）すんだけど、それに餅網をのせて、白魚をひとつまみのっけてよ。白魚は網の上で暴れんだけど、それに醤油をかけて飯にのっけて食うんだよ。そりゃうめえんだ。こればっかりは、佃漁師じゃなきゃできねえこったろうよ。それも徳川様のおかげだから、今年も3月1日に渋谷区大山町の徳川18代当主の徳川恒孝さんのとこへお届けしたばかりさ。昭和37年を最後に、江戸前じゃ漁ができなくなったから、いまじゃ東北のほうから取り寄せるのさ。毎年、俺らが徳川家へ白魚をお届けしないと、築地じゃセリにかけられないしきたりになってんだ」

残念なことに中沢さんが摂津佃村から江戸に来た漁師の末裔であるかを聞きそびれてしまったが、佃漁師であることを誇りにしていることだけは伝わってきた。

「忙しいときは、網を何日も掛けっぱなしで漁をすんのよ。中川なんかで漁するときは、佃から陸路で飯を運ばせてよ、夜っぴの漁よ。あるときよ、仲間が網を上げるのにいやに手間取ってんの。そんで行ってみると『お客さんが入っちまった』って言うの。お客

江戸城の方角に向く住吉神社

さんって仏さんのことだあな。巾着網はよ、先にいくほど絞れてっからよ、仏さんがすっぽり入っちまうと外すのがてえへんなんだ。まあ、夜網はなにが入《へ》えってくるかわかんないかんね」と、そんな昔語りもしてくれた。

岡本綺堂の『白魚物語』には、「御膳白魚と唱えて、将軍の御膳に供する他は妄《みだり》に売買するを許されず、家康一代は御止魚（注・禁制品）という勿体《もったい》が付いていた……」とある。白魚は、それほど徳川家と密接な関係をもった魚である。捕った白魚は、葵のご紋が入った漆の箱に二重になった「白魚献上箱」に収められ、肩に担いで江戸城へ、えっさえっさと一目散に運ばれたそうだ。その箱は中央区立郷土天文館に保存されている。

ちなみに佃島の住吉神社の鳥居は、江戸城を向いていると中沢さんに教わった。

たしかに一時期、白魚は徳川家以外への販売を禁止されたが、その後は諸大名にも振る舞われ、幕末には握り鮨にも使われるほど広く江戸庶民にも愛された。

このシラウオだが、元々は江戸前に生息していなかったが、家康のために駿河から移入したという説があるが、これは俗説。シラウオは水さえきれいであれば、広く汽水域に回遊する魚で、家康が入府する以前は、漁が行われなかっただけの話である。ちなみに利根川河口から常磐沖にかけては現在でもシラウオが捕れる。ただ、労力のわりにそれほど量が捕れないので専業にする者がほとんどいない。

## 桁船《けたぶね》の漁

初冬、産卵にそなえて深場へ落ちたハゼを、釣り人は「ケタハゼ」と呼ぶ。「その頃になると2桁釣るのが大変だから」という俗説もあるが、正しくは「桁網《けたあみ》を引く水深の漁場・桁場に落ちたはぜ釣り」というのが正解。桁網とは、小型底引き網で、底魚とよばれるカレイやハゼなどの魚を捕る「魚桁」、ハマグリや牡蠣などを捕る「貝桁」を総称した名称である。

網の開口部はせいぜい5尺（1・5メートル）しかない。水深は1・5〜10尋《ひろ》の深さを引いた。1尋とは大人が両手を広げた長さの単位で、およそ1・6メートル前後である。2、3人が乗り込んで網を引く。冬場など水が澄んでいるときは、魚が網に入る様子が見えたという。開口部には櫛の歯状の針金が付いた鉄棒が付いており、魚を脅かして網に入れるという寸法だ。海底に土煙が上がると周辺にいたカレイなどは、その煙めがけて飛び込んできたそうだ。

「カレイってやつはばかなんだねえ。土煙ん中においしい餌でもあるって勘違えすんだろうかね。そうだねえ、場所によっちゃあ、車海老のでっけえのなんかもよく入ったよな」と、かつて桁網漁をした漁師が話してくれた。

「牡蠣の桁網って、そんな底引きで牡蠣が捕れるんだろうか？」という疑問にお答えしておこう。現在、牡蠣の養殖といえば、紐に吊るす方法が一般的だが、かつての江戸前に棲息した天然の牡蠣は岩などにも着くが、海底にびっしりと敷き詰めたように棲息していた。いまでも江戸前の海底を少し掘り返せば、牡蠣の殻が無数に出てくる。こどもの頃、江戸前で釣りをしたり泳ぐとき、ゴム草履を履いたのは、牡蠣の殻で足を切らないようにするためだった。それほど天然の牡蠣が豊富だったから、江戸前の牡蠣は生産高日本一の座を獲得することができた。桁網を引くだけで、牡蠣がざくざく捕れた夢のような時代があったのだ。

これに似た漁法で、「サザエ引き網」という珍しい漁法があった。いかに豊饒の海とはいえ、江戸前でサザエが捕れたわけではない。これは深川漁師が得意とした漁法で、網の開口部前に、サザエの殻に穴を開けて何個も結んだ紐を取り付けたもの。これでガラガラと海底を引くと、驚いた魚が網に飛び込むという仕組み。いずれも小規模な底引き網だが、それだけで生計が成り立つほどの魚介が捕れたから、「おそるべし江戸前の海」である。ほとんどの桁船は、網の前に鎖などを取り付けて魚を脅して網の開口部に取り込むが、深川漁師はサザエを取り付けていた。

網漁として、先にふれた佃漁師の漁業紛争の種となった地曳き網や巻き網があった。江戸前の海での地曳き網には、アジ、イワシ、カマス、イカなどが入った。地曳き網は遠浅の海ならではの漁法として代表的なものだが、観光地曳き網でもいいから、復活を願ってやまない。

ほかには、打瀬網《うたせあみ》漁が江戸前を代表するものであった。深川の船宿・冨士見のご主人石嶋一男さんは、「黒鯛釣りの餌に使う芝海老はよ、昔は打瀬船から直接買ったもんだよ。白い帆かけたあの打瀬船だよ。生きたやつじゃなきゃ黒鯛は食わないかんねえ」と語っている。

残念ながら私は船に乗ると釣りに夢中になって、打瀬船を見た記憶がほとんどない。霞ヶ浦のワカサギ漁などで使われる船で、白い大きな帆に風を受け、船の胴の間から網を出して風の力で引く漁法である。西に富士山を望み、北に筑波山を見て、江戸前の海に浮かぶ打瀬船。網を揚げれば半透明の芝海老がピチピチと跳ねる。なんとも風情のある光景だ。北斎など浮世絵師ならずとも絵に描き、写真に収めたくなるというものだ。

## アサリとハマグリ漁

最近のアサリやハマグリは、輸入物がめっきり多くなった。浜名湖や九州産の地物はびっくりするほど高い。東京湾の潮干狩り場の貝も、種貝を他所からの移入に頼るようになってしまった。

『江戸名所図会』にも描かれているように、潮干狩りは江戸庶民に人気が高かった。それでも交通手段が限られていて、潮干狩りといえば、大川端から船に乗って出かけることも多かったから、必ずしもお手軽なものではなかったようだ。戦前のわが家では、毎年船を仕立て、深川沖に繰り出していたという。戦後、深川の船宿にも初夏になると「潮干狩り受け付けます」の張り紙が出されていた。

アサリやハマグリを専門に捕る漁師は、「大巻き」、あるいは「腰巻き」という貝掘りの道具を使った。大巻きは比較的深い場所で船から貝を掘る道具。腰巻きは大きな熊手のような籠を腰に巻きつけて海底を掘るように作られている。いまはステンレスで軽い作りになっているが、それ以前は鉄と太い木を組み合わせて作った道具で、握り棒を含めるとかなりの重量になる。

腰巻き漁でとった大量のアサリ

戦後、江戸前の海にハゼ釣りに行くと、腰まで海につかって棒をしっかり握り、腰を動かしながら腰巻きを使って貝を掘る漁師の姿を見ることができた。しばらく棒を揺すってから、腰を揺すってカゴを持ち上げて船にドサッと貝を入れる。「一度にあんなに捕れるなんて」と、どうしても一度それをやってみたくなり、知り合いの漁師に頼んでこの道具を使ったことがある。だが見ているほどうまくはいかない。深く刺さると重くて動かなくなるし、浅いと貝が入らない。女性でもこの道具を使いこなしていたのだから、ちょっとしたコツがあるのだろう。なかなかどうして使いこなすには難しい道具だ。

掘った貝は傍らの小さな「べか舟」に放り込むが、これまた結構力のいる重労働である。ペンより重いものを持ったことがないひ弱な私なんぞは漁師という職業にはとうていつけないと思い知った。まして船から掘る大巻きなどは、下半身の力とバランスだけで船を操るが、棒にしがみついているのが精一杯で、とても貝を掘るどころではなかった。

アサリやハマグリ漁をする船は、遠目にもすぐ区別がついた。エンジンの付いた船の中央に、「べか」とよばれる小舟を積んでいるからだ。エンジンの付いた船が入ることができない浅瀬に「べか」を浮かべて、貝を掘るのだ。ある程度の量がまとまったら、大きな船に移し変える。その際、大きな四角いザルで貝を洗い、ゴミなどを選別してから船に揚げる。これがまた重労働であった。今でも木更津や富津周辺では貝を掘る漁師の姿を見ることができる。

ちなみにアサリとハマグリの漁獲高は、江戸前でも全漁獲に占める割合がほぼ1割程度であった。江戸前の遠浅の汽水域は、貝の生息には適しているが、雨で上流から運ばれる土砂も堆積する。貝掘り漁師が海を定期的に掘り返すことによって海をよみがえらせ、稚貝の成長を助けているのだと聞いた。

よく、寒い冬の海に輝く漁り火は「冬の風物詩」と形容される。同じように江戸前の貝掘りも夏の風物詩とされた。北の海でも江戸前でも、現場の漁師たちは過酷な重労働を強いられていた。それでも水揚げがあった時代はよいが、空き缶、ビニールなどばかりが貝掘り道具に入るようになってしまった昭和40年代以降、悲しげな漁師の顔をファインダー越しに見た時、シャッターを押すことをためらってしまった……。

## その他の漁法

私が目にしたことのある、その他の漁をいくつかあげておこう。

まずは「鰻筒」。これは、竹で編んだものと、ただの竹筒と二通りがある。筒の薄暗い穴を「鰻の寝床」と間違えてウナギが入るという単純な仕掛けで、1本の筒に何尾かのウナギが入ることもある。鰻筒を入れた場所には、目印の竹の棒が刺してある。筒は5メートルほどの間隔で石積み堤防の際《きわ》などに何十本と入れてある。間違って釣りのはりを引っ掛けて鰻筒を持ち上げてしまったことがある。船頭から「すぐに元に戻しておけ」と叱られてしまった。

ボサ漁は、正式な漁法とは認定されていなかった。ボサとは、木の枝を束ねたもの。それを沈めておくと小魚やエビが隙間に入り込む。ボサをそっと持ち上げて網で捕るという原始的な漁法である。いまでも多摩川河口などに、メバル釣りの餌に使うボサエビを捕るために仕掛けられている。

ハゼの「目突き」という漁法もあった。竹の棒の先に畳針を縛りつけ、夜、カンテラで砂浜を照らすとハゼの目が金色に光る。それを畳針で突く。「バケツ一杯取るのは、わけねえったよ。暮れが近くなって甘露煮作りのシーズンになんと、いい値で売れたもんだよ」と古老から聞いた。ハゼの寝込みを襲う漁法だが、記録には残っていない江戸前の隠し技であった。

### 浅草海苔

米を主食とする日本人の食習慣にとって切っても切れないのが海苔である。とくに朝食は、焼き海苔と玉子、香の物があれば十分である。コンビニにずらりと並ぶ握り飯も、焼き海苔の風味がなければ、あれほどの商品価値は生まれなかったことだろう。小学生の頃は、朝食の前に何枚かの干し海苔を渡され、七輪であぶるのが私の役目だった。黒い海苔が焼けて緑色を帯びてくるにつれ、芳しい磯の香りが部屋に立ち込める。それを合図に家族が食卓につく。焼けた海苔に折り目をつけて切り分ける。枚数の多い少ないで騒ぎになったりもするが、朝の食卓には欠かせない一品であった。近年は、ほとんどが「焼き海苔」という商品パックになってしまい、海苔をあぶる楽しみがなくなってし

江戸前に林立した海苔網篊

木枠ですくって簾に載せる、海苔すき作業。紙すきと同じ要領で１枚ずつすいていく

両手で網についた真っ黒に育った海苔をちぎっていく。厳寒期には涙が出るほど辛い作業だったという

一枚ずつ天日で干す。海苔干しは冬の風物詩であった

まった。

海苔や海藻は、『延喜式』にも登場するほど古代から食べられていた食品のひとつ。それが急速に家庭に広まった経過は、つぎのような経緯である。

江戸は浅草に浅草寺が建立され賑わいを見せるようになる。浅草は人の往来も多く、浅草寺の門前で売られた大森、品川、葛西などの漁師が作った干し海苔がみやげ物として好評を博したことがきっかけとされる。当初は、生海苔を浅草に運んで干していた。やがてそれぞれの漁村で製品化するようになるが、誰言うとなく「浅草海苔」の呼び名がついた。ときには「品川」と呼ばれたりしたこともあり、後世、各地で海苔養殖が栄えると地方名を冠した海苔が登場したが、浅草海苔の通称を凌駕することができず、全国どこで採れても浅草海苔で通るようになった。まさに江戸前の味が全国制覇を成したのである。

浅草海苔が本格的に養殖されるようになったのは、延宝年間（1673〜1681年）、品川漁師が魚を生かして蓄養するための籠に海苔が着くのを見て、「海苔篊《ひび》」という養殖法を考案したことによる。大森の漁師・野口六郎左衛門が、「浅草紙」の紙漉《す》き製法から海苔を薄い紙状にすることを思いついたという伝承があるが、明確な文献は残っていない。ちなみに浅草紙とは、下等な漉き紙で、「落とし紙」つまりトイレットペーパーのことである。戦後しばらくの間は便所に置かれた灰色の紙で、ロールペーパーが登場するまではトイレの主役だったあの紙である。現在の海苔の形状はこうして完成の域に達することになる。以後、江戸の漁民は浅草海苔の本格的養殖に乗り出していく。

浅草海苔誕生に関してはこれ以外にも諸説があるが、割愛させていただく。

浅草には中島屋、正木屋、永楽屋などの海苔屋があった。魚河岸が日本橋にできると山形屋、山本海苔店など名店が日本橋に出店し、中心がそちらに移っていく。現在も築地中央市場の周辺には多くの海苔店が店を構えている。魚市場と海苔屋は、切っても切れない縁があるようだ。

海苔の養殖は、当初は竹の束を海に突き刺す海苔篊《ひび》が中心であったが、やがて網に海苔の胞子を着けて養殖する方法が中心になっていく。昭和20年から30年代に見た海苔の収穫風景といえば手摘みである。船べりから身を乗り出して、両手で竹や網についた真っ黒に育った海苔をちぎっていく。なんとも寒々しい情景であった。やがてそれは、電気掃除機のようにバキューム方式で収穫されるようになり、近年では網収穫専用のボートで網を持ち上げ、一気に刈り取ってしまうようになっている。

かつては、収穫した海苔を包丁で小さく切り、木枠ですくって簾《すだれ》に載せ、一枚ずつ天日で干すという、気の遠くなる作業が延々と続いたが、これもいまは乾燥まで機械化されている。しかし、風味は天日乾しにかなわない。

江戸前のさまざまな漁業・漁法にここまで多くのページを割いてきたが、江戸前漁業全体を見直してみると、全漁獲高に占める浅草海苔の占める割合は明治、大正、昭和を通じて、常に60〜80パーセントに上っていた。例年、11月から翌年3月頃まで、何度も繰り返し収穫が可能なこと、かつては「高級なお歳暮」のひとつとしても用いられ需要が多かったこと、そしてなにより米が主食という食生活が海苔の需要を支えていた。だから江戸前漁民にとって海苔養殖こそが最も安定した収入となっていたわけである。

江戸前漁業は海苔に大半を依存していたが、それだけに凶作になると自殺者も出るほどのパニックになったという。有明海で起こったように色が黄変してしまい、香りが失せてしまうような問題が、江戸前でも何度か繰り返されていた。水質が悪化すれば、魚介のみならず海苔など海藻も大きなダメージを受けるのである。

## 日本橋魚市場など

江戸における魚市場は、摂津から移住した森孫右衛門らが将軍家へ献納した余りの魚を本小田原町で売りさばいたのが最初であるという説が、『日本橋魚市場沿革紀要』に記されている。一方、慶長17年（1612年）に孫右衛門の長男らが同所で市を開いたという説もある。日本橋の市場開設と前後して、芝漁民も魚市場を開いたとされ、落語「芝浜」の舞台となった。

いずれにせよ日本橋魚市場は、日本はおろか世界の魚が集まり取扱高が世界一を誇る

マグロも並ぶ日本橋魚市場『江戸名所図会』(部分)

現在の築地中央市場の前身である。新鮮な魚、客の需要に応じた魚介を売ることだけに特化し組織化した先人のパワーは偉大である。初期は、魚介を戸板にのせて露天で売ったが、やがて小屋が立ち、市場らしい様相を呈していく。『江戸名所図会』にはマグロを担ぐ姿も描かれている。やはり日本人は魚食民族なのである。一方で深川黒船橋で開かれた夕市のように、漁民が捕れた魚を直接消費者に売るという「地産地消」というスタイルも、すでに江戸の各浦にあった。

日本橋魚市場では真鯛も売られていたが、釣りを生業とし、鯛釣りに血道をあげてきた私としては、この件に関して少しだけ説明を加えておきたい。

江戸前漁師が鯛漁をした記録は残っているが、それほどの漁獲はなかったようだ。というのも、江戸前の浅瀬は、鯛の生息には不適であるからだ。ところが家康および徳川一族は、真鯛をことのほかお気に召したようで、将軍の即位や慶事にはぼう大な数の真鯛を調達する必要があった。ちなみに天保8年（1837年）の将軍就職の大礼には、5000尾もの鯛が使われたという。それも「目の下一尺」というから、全長で40センチ近い、4、5年物である。千葉県上総湊から竹岡にかけての漁師は献上鯛の漁場をかかえ、桂網《かつらあみ》という漁法で真鯛を捕っていた。だが幕府の求めた数の多さに恐れをなし、要請を辞退したという漁師の口伝もある。

では、幕府はどんな方法で真鯛を揃えたかといえば、鯛の好漁場である伊豆から多くを取り寄せていた。生け鯛専用の運搬船を建造し、江戸へ船で運び込んだのである。伊豆では、一本釣りや網で捕った鯛を蓄養することに成功し、3週間ほど生簀で飼っておくと、長時間の移送に耐え得るというノウハウを会得する。幕府御用の重責を果たし、かつ莫大な富を手にする。

鯛の蓄養は、浦賀、鴨居などでも行われたが、規模では伊豆、それも西伊豆が勝っていた。

西伊豆が鯛の大量蓄養に成功した裏には、「鯛のフキ抜き」という高度な技術を伊豆の漁民が発見したことによる。真鯛は急激に水面に上げると、水圧の変化に対応できない。生簀に入れても腹が膨らんで横になってしまい、泳ぐことすらできず「溺死」する。それを防ぐためには、鯛の腹腔に細い竹串を入れ、腹を押さえて空気を抜く必要がある。この手法を考案したのが伊豆の鯛を取り仕切った大和屋助五郎であるとされる。

いまでは、鯛釣り漁師なら誰でも知っていることだが、ちょっとした創意工夫が、徳川家の大量な鯛の需要に応えることを可能にした。当時、日本橋魚市場の脇に船をつければ、活けの鯛を売ることができるようになった。時代劇に登場する一心太助が、盤台に乗せた活け鯛を売るシーンがあるが、これはあながちフィクションではなかったのかもしれない。

# 第7章　江戸前の釣り

江戸時代から脈々と受け継がれてきた江戸前の釣り。江戸和竿の誕生、クジラのひげを使った釣り道具の工夫、釣り餌の採取法など、釣りにまつわる伝承を凝縮してみた。庶民の釣りから大名、豪商、旦那衆の釣りまで、さまざまな釣りの楽しさをこころゆくまでご堪能ください。

釣りという遊びは、縄文時代に生きた人々もすでに楽しんでいたのではないかという考古学者の見解がある。『古事記』や『万葉集』に書き記されたもの、中世の建築物に残る「釣殿」など、その時代を映したさまざまな釣りの姿を見ることができる。

遊びとしての釣りが武士、商人から一般庶民へと幅広い層に広がりを見せるのは、江戸時代になってからのこと。とくに江戸幕府が崩壊する前、武士という階級もしくは職業に見切りをつけた人々が、本格的な竿作りを手がけるようになる。その技は匠の手によって現在に引き継がれ東京都の伝統工芸品に指定されている。単に魚を釣る機能のみならず、漆芸を取り入れた工芸的な美しさを兼ね備えた竿が世に出てくる。

平成15年、江東区大島に開設された「中川船番所資料館」には江戸和竿《わざお》の展示コーナーがある。それほど広いスペースではないが、江戸を代表する竿師が手がけた竿をじっくり眺めていると、時間がいつの間にか過ぎていく。この章では、そんな江戸からの釣りを振り返ってみたい。

## 江戸前の釣りとは

釣りという遊びに「江戸前」の冠がついたのはそう古い話ではない。そもそも「江戸時代」という時代名称にしても、時の権力の中枢がどこに置かれていたかという基準にのっとって、後世の歴史学者が整理の都合でつけたものであり、当時の人々がそう呼んでいたわけではない。江戸城だって古地図には単に「お城」と書かれていただけである。「江戸前の釣り」という名称も「江戸前釣り師」という言葉も、江戸時代はもちろん、明治時代にもそんな大それた呼称はまだ存在しなかった。おそらく戦後になって気の利いた編集者がつけたものに違いない。

江東区・中川船番所資料館

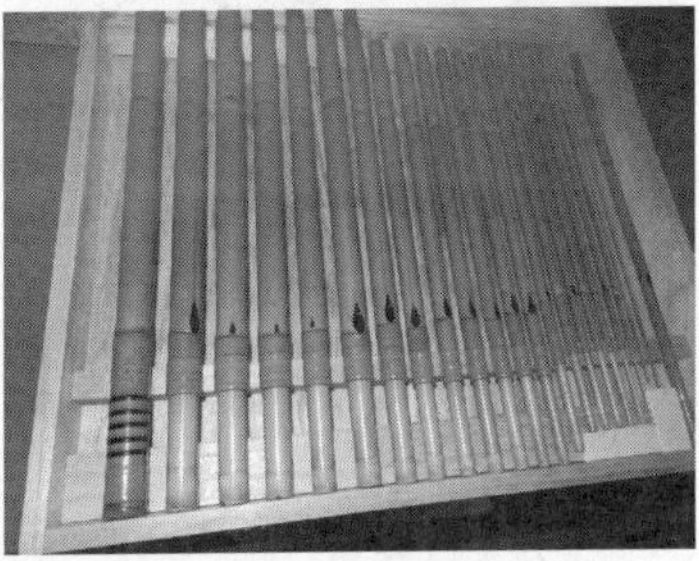
江戸和竿展示コーナーの真鮒竿

本の表題としては、先代の三遊亭金馬師匠の『江戸前つり師』が最初のようだ。好きな鮒釣りに出向いた帰り道、鉄橋の上を歩いて汽車に足を轢かれたという武勇伝が語り草の落語家である。私は金馬師匠の落語が大好きで、人形町にあった末広亭に小学校の頃から何度も通った。昭和37年に発行された初版本に飛びつき小遣いをはたいて買った。当時は高校生だったが、高座で何度も落語を聞いた親近感もあり、繰り返し読みふけった本である。金馬師匠は、事故にも懲りず終生釣り場通いを止めなかったから、釣りという遊びは人の心を虜にする魔性が潜んでいるようだ。

その後、昭和49年に彫刻家であり俳人でもあった鈴木鱸生氏が、釣り三昧に明け暮れた日々を書いた『わたしの隅田川』の副題に「江戸前釣師七十年」が見える。この本にも江戸前が頻出するが、あくまでも本来の漁場としての意味を持たせている。

無類の釣り好きとして知られた作家開高健氏は、「一時間幸せになりたかったら酒を飲みなさい。三日間幸せになりたかったら結婚しなさい。八日間幸せになりたかったら豚を殺して食べなさい。永遠に幸せになりたかったら釣りを覚えなさい」という中国の古諺を好んで引用している。釣りを趣味としない方のためにこのメッセージをまず贈っておこう。

徳川家康は江戸の掘割や運河を整備し、江戸地先の埋め立てを奨励した。大量の物資の輸送が水運に頼らざるを得なかった時代、江戸の下町には数多くの掘割が造られた。多数の舟が行き交い庶民の足代わりにもなり、イタリアのベネチアにも負けない水の町が誕生する。しかもそこがことごとく絶好の釣り場となっていった。

江戸前の海は基本的に砂地、砂泥地であったが、土手の整備や埋め立て地に水路を築く際、大量の石が積まれ、杭が打たれ、魚の棲みかを作り出した。したがって海もさることながら、大川（隅田川）、荒川、江戸川河口と、それを結ぶ水路や運河には、たくさんの魚種が棲息していた。

汽水域には、主に淡水に棲む魚と、本来は海に棲む魚が混在するという特徴がある。たとえば淡水魚の王者とされる鯉がよく釣れる場所として、「大川端の千本杭」が有名だった。江戸時代に隅田川に架かる橋では最も海に近かった両国橋周辺には土留めや船を係留する杭が無数に立っていた。その杭にとてつもなく大きな鯉がついていたそうである。

ほぼ同じ場所もしくは各河口部にはクロダイ（黒鯛）が棲息し、強い引き味が釣り人を熱くしていた。文豪・幸田露伴の名作『幻談』はクロダイ釣りがテーマとなっている。江戸時代、船頭と二人で大川を下ってクロダイ釣りに出たさいのミステリアスな体験談風の短編だが、磨かれた文章のそこかしこにある、釣りに精通した者でなければ表現できない描写がなんとも魅力的な作品である。余談であるが、釣りを趣味とした露伴であったが、釣りの歴史研究でも近代の第一人者であったことはあまり知られていない。釣具の歴史、魚名の由来など、日本の古典にとどまらず中国の古典をひもとき詳細な記述を重ねていた。

昭和30年代、小学生だった私がよく通った荒川に架かる葛西橋近くの水門も、クロダイがよく釣れる場所があった。日頃はハゼぐらいしか釣ったことがなかったから、1尺を超えるクロダイが釣れるのを目にして興奮した。大人の釣りを観察し餌にする磯ガニをたくさんとってから、大物用の竿を持って勇躍出かけた。しかし常連さんが常に陣取っており、竿を出そうとしたら、「ぼうずが騒ぐと黒デエが逃げるからあっちへ行け」と追い払われてしまった。銀色に光る大きなクロダイが何尾も入ったフラシ（魚籠《びく》）を見るたびに、恨めしく思ったものである。

江戸前の汽水域には、淡水魚ではコイのほか、ウナギ、ナマズ、フナ、タナゴ、海水魚ではスズキ、シロギス、アオギス、アジ、イワシ、サヨリ、カサゴ、メバル、ソイ、ギンポなど数え切れないほどの魚が釣りの対象になっていた。

現在、江戸前の釣りといえば船の釣りと思われがちだが、明治生まれの釣り師たちは、淡水魚も含めて陸からも江戸前の釣りを楽しんでいた。

## 消えた江戸前のシンボル

江戸時代に書かれた釣りの指南書として人気が高かったのは津軽采女正が書いた『河《か》羨録《せんろく》』という本。筆者は赤穂浪士の手によって、仇討ちに遭った吉良上野介の親戚筋にあたるお方。討ち入りの翌日、事変を知って吉良邸に駆けつけたとされる。この本は江戸に限らず、横浜、小田原あたりまでの釣り場や釣り方を広く紹介している。そこから察するに著者は無類の遊びの達人であったようだ。その後、世に出た釣り指南書は、この本をネタ本に使ったと思われるものが多いことでも評判を得た本でもある。

同書でもっとも詳細に書かれているのが「かわぎす（川鱚）」つまり「あおぎす（青鱚）」に関する項である。アオギスは昭和40年代には東京湾から姿を消してしまった魚であるが、江戸前を代表する釣り物であった。私も祖父の形見にもらったアオギス釣りの道具一式を持っているが、悲しいかな竿を出す前に消えてしまった。

アオギスは汽水を好む魚で、しばしば川にものぼることから、川鱚の名がついたとされる。大きなものは40センチにもなり、その引きの強さが多くの釣り人を魅了した。釣り場は品川から深川沖、浦安、行徳と続く広大な浅瀬で、海に立てた脚立をまたいで竿を出すという独特のスタイル。江戸から昭和まで脈々と受け継がれた釣りである。

江戸前名物アオギスの脚立釣り

アオギスは船からも釣れたが、シロギスよりも浅瀬を回遊し警戒心が強い魚。そこで特製の高下駄を履いての釣りや、脚立にまたがって釣るという、独特の釣りスタイルができ上がった。食味よりはアオギスの強い引きが江戸の釣り人を惹きつけたようである。アオギスは、別名ヤギス（矢鱚）とよばれ、スマートな魚体に似合わずはりに掛かると糸鳴りさせて強烈に引いたと聞く。

アオギスは、現在では絶滅危惧種に指定されるほど棲息水域が減ってしまった。それほど汚染に極めて弱い魚なのである。しかも広大な遠浅の海が棲息に欠かせない魚である。アオギスが棲息するには最適であった遠浅は、都心に近いほど埋め立ても汚染も早く進んでいった。ある意味で、アオギスの去った日が、江戸前の終焉が近いことを告げたと言える。経済の高度成長のみが優先され、環境保全には全くといっていいほど政策的配慮がなされなかったことへの警鐘であったと気づくべきであった。

アオギスが絶滅するまでの経過だが、まず品川沖、深川沖から消え、浦安、行徳と東京湾の湾奥の東寄りに棲息域が限定されていく。明治生まれで、いまや保有遊漁船数で関東最大というより日本一の船宿となった浦安吉野屋の先代当主、吉野長太郎さんがまだご存命の折、「はあ、おらが若《わ》けえ頃は、東京から車を飛ばしてくる人もいたっけが、ぱかぱかと馬に乗って来た客もいたっけねえ」と語っていた。この長太郎さんは、山本周五郎の名作『青べか物語』に登場する船宿「千本（吉野屋）」に出てくる「長」のモデルになった方である。長太郎さんの奥さんの話では、アオギス釣りが始まるとまるで戦争のようだったという。夜遅くに東京方面から着く客の世話に始まり、朝飯、昼食の用意にと寝る間もなかったそうである。

「お客さんの竿は、昔からうちで預かってたかんねエー。あおぎすはハア、いっぺえ釣れたっけが、いなくなっちまっただねえ。そんで脚立は青堀の方に預けてたけんど、そんでも釣れなくなっちまっただねエ」と歎いていた。昭和50年代の話である。

## ハゼの宝庫、江戸前

大都会の運河ではぜ釣り

幕末に創業した深川の老舗船宿、冨士見は、いまもハゼ釣りの乗合船を出す数少ない船宿である。宿の船頭衆が櫓で練って釣らせてくれるので通うファンも多い。かつては、秋になると江戸前の海を埋め尽くすほど船が出たが、いまでは伝統のこの釣りを保存しようという船宿や釣り人の心意気に頼る釣りになってしまった。
「鯊《はぜ》ならば釣ってきなよと女房いい」という江戸川柳が残っている。天ぷらにしたのだろうか、甘露煮にしたのだろうか、いずれにせよハゼは手軽に楽しめてしかも食べておいしい魚だから江戸庶民にも人気があったのだろう。

風俗画に残る江戸前のハゼ釣りは、延《の》べ竿という竹を切って乾かしただけの一本ものを使うことが多かった。というよりも、本格的な竿師が出現する以前は、継《つ》ぎ竿はめったに手に入るものではなかった。継ぎ竿は持ち運びに便利であると同時に、漆の塗りなど職人の技が随所にほどこされているが、ただハゼを釣るだけなら延べ竿でもさしたる不自由はなかったに違いない。

アオギスが去り、シロギスも去った江戸前の海の主役は、やがてハゼが取って代わる。とくに戦後の混乱が落ち着いてから、釣ったハゼの数を競う釣りの大会が盛んになった。都釣連《とちょうれん》（東京都釣魚連合会）で優勝するには3束《ぞく》（1束は100尾）、4束と数を釣らなければならない。同じ長さに作った2本の竿を使う釣りが江戸前ハゼ釣りの主流となったのも、こうした競技会があったればこそである。

私も子どもの頃に名人と称される釣り師の姿を目にしたが、休む間もなく次々とハゼを抜き上げる姿には無駄がなく、それは華麗な釣り姿であった。ハゼは誰にでも簡単に釣れる魚の代名詞のように言われるが、ハゼが餌のゴカイをくわえた瞬間に竿を立てて抜き上げる彼らの技は尋常ではない。名人は、並の釣り人のように竿先がブルブルと震えてから竿を立てることなどまずしない。餌をくわえた気配だけではりに掛けてしまう。

竿師たちは、競って持ち重りせず感度のよい竿を作り、船頭は釣り場探しと船の流し方に神経を使う。あの小さなハゼを釣るために、釣り師と船頭が終日真剣な眼差しで勝負する姿は、すでに遊びの世界を超えていた。

江戸時代以来、庶民がもっとも楽しんだハゼ釣りは、陸《おか》っぱりと呼ばれる岸辺からの釣りが中心だった。ハゼ釣りの餌には主に丘餌《おかえさ》と呼ばれるミミズ。戦後、幼稚園児だった頃から私の釣りも、まずは朝のミミズ掘りから始まった。薄暗い路地に入って台所の下の土をシャベルで掘り返せばいくらでも捕れたから餌代はタダ。竿と糸、おもりとはりさえ買い揃えればそれだけでお金のかからない遊び。しかも釣れる魚がうまいとくれば、庶民にはこたえられない娯楽である。

釣りの先輩に永谷亀之助という人がいた。陸っぱりの釣りでは絶妙な腕前の人だった。ある日、彼がハゼ釣り修業の話をしてくれた。中学を出た彼は東京の下町の小さな工場で住み込みで働き始めた。唯一の楽しみである休日になると先輩に釣りに誘われる。

「竿も全部用意するから体だけ持って来い」と言われ、バスに乗って洲崎に向かう。洲崎といえば遊郭。先輩は釣り道具一式を亀之助さんに手渡し、「俺の分もしっかり釣っておけよ」とだけ言い残して上がってしまう。彼は先輩が洲崎女郎と、しっぽりといいことをしている間、遊郭の裏手で2人分のハゼをせっせと釣る。「そりゃおめえ、必死だよ。釣った数が少ねえとぶん殴られるんだから、たまんねえよ。いやでも釣りがうまくなるわな。でも衛生サック（コンドーム）がプカプカ浮かんでる所で釣んだから、参ったやね」。江戸の昔から、「やれ深川八幡参り」とか、「深川まで釣りに行く」ことを口実に、女遊びをすることはよくある話だったそうだ。

この話を聞いたとき「昔はね、うちの裏が洲崎から続く土手だったんですよ。朝、貸し舟の支度しててんでしょ。すんとそっちの方からとぼとぼ歩いてくん人がたくさんいたもんですよ。朝帰りってやつでさあね」と、亡くなった深川冨士見のじいちゃん石嶋欣次郎さんが語ってくれた話を思い出した。

**粋で鯔背なボラを釣る**

最近の釣り本では、まったくといっていいほど紹介されない釣り物がボラだ。汚染にも強いボラは、いまも江戸前の海や河口部、内陸河川にごまんといるが、狙う釣り人はほとんどいない。理由は、ボラ特有の臭いや重金属などによる汚染で食用に適さないからである。

だが、ボラは江戸前を代表する釣りのひとつだった。出世魚のボラは、「おぼこ」、「すばしり」、「いな」、「ぼら」、「とど」と、成長につれて呼び名が変わる。もうこれ以上大きくなりようがないのが「とどのつまり」の「とど」である。あの巨大なあざらしのようなトドではない。

60センチにも育ったボラの引きは強烈だが、江戸前の竿師たちは軽くてしかも丈夫な竿作りで腕を競ったという。下町で竿師は客から「鯔竿（ぼらざお）が作れてはじめて一人前」とされたものだと父からよく聞かされた。

　ボラは、陸っぱりでも釣れたが、粋な遊びを楽しむ江戸前釣り師たちは船を仕立てた。アオギスの陰に隠れ、脚光を浴びることが少なかったボラだが、引きの強さに魅せられこの釣りに狂った人も少なくない。船では一対の竿を両手に持ち、ギャングと呼ばれる仕掛けを使った。赤や黄色のゴム片を何本もおもりの上に付け、その下に「かっとうばり」といわれる錨型のはりをセットする。船を錨で止め、かっとうを海底で上下させているとボラがゴム片をくわえる。すかさず竿を立てるが、そこからが腕の見せどころ。強引に船に抜き上げ、自分の前に魚を抜き上げる。その瞬間に力を緩めると、ボラがはりから外れる。その間にもう１本の竿にボラが掛かることもある。２本の竿を操ってボラを掛け、取り込む姿には寸分のすきもない。

　かつて品川漁師だった相原辰夫さんから聞いた話をご紹介しよう。

　戦後は漁だけでなく船にお客さんを乗せるようになったが、客が無い日はおやじさんと一緒に商売でボラ釣りに出たという。そのときにうまく抜いてはりを外せないと怒鳴られるので、風雨が強くて沖に出ることができない日は、家で大根をボラに見立てて抜き上げの練習を積んだという。「あの釣りばっかりは、腕の差が出たねえ。またそんなお客さんはいい竿を持ってたよね。いまじゃ使うこともなくなっちゃったけど、形見にもらった竿がまだ何本かあるよ。昔は船宿に竿を預けっぱなしにしてたから」と当時を懐かしんでいた。

私がこの釣りにはまったのは学生時代のこと。祖父の形見のボラ竿を手に、足しげく釣り場に通った。なにしろ餌代がかからず、手が痺れるほど強い引きが楽しめるから、貧乏学生にはもってこいの釣りである。

ある日、私の後ろに立ってじっと見ていた老人が声をかけてきた。

「兄さん、ボラ釣りが好きみたいだねえ。よく見かけるもんな。おもしろいかい？」

「掛けてから、抜き上げる瞬間がたまんないですね」

「そうだよな。でも、悪いこと言わないから、ボラ釣りだけは止めときなよ」

「どうしてですか？」

「わしもな、この釣りが好きで毎日のように通った。で、店も家族もみんな無くした。ボラはよく引く。しかも金がかからないから毎日でも遊べる。いまでもボラを釣ってる人を見かけると、足が止まっちまう。身を持ち崩す悪い釣りだよ。船に乗んなさいよ。あれなら金がかかるから、小遣いがなければ行けないだろう。兄さん、今日限り陸《おか》っぱりのボラは止めな……」

この忠告で、ボラ釣りだけはぴたりと止めたが、さらに釣りにのめり込み、身を持ち崩したのである。

## 鮒釣り

故郷をしのぶ心に沁みる唱歌「ふるさと」の歌詞、「兎追いしかの山、小鮒釣りし、かの川」は望郷の歌である。東京生まれの東京育ちには縁遠い歌詞である。でも戦後の東京下町には兎こそいなかったが、小学校から帰ると自宅前の小名木川の堤防に立って玉網を手に小ブナを追い回す日々を過ごすことができた。マブナだけでなく、タナゴやクチボソ、サヨリ、ドジョウなどを捕っては金魚鉢に入れて眺めていた。江戸時代に売られた釣り場案内図にも小名木川はフナやコイ、ウナギ、タナゴなどがよく釣れる場所として紹介されていた。

関東地方で「水郷」といえば、佐原を中心にした霞ヶ浦周辺の田園地帯を指すが、かつては「葛西水郷」と呼ばれる地域があった。荒川の東に広がる葛西一帯をさす言葉で、葦やマコモが生える小さな用水や沼が無数にあり、都心から最も近いフナ釣り場として人気が高かった。しかもフナは広い葛西水郷のどこでも釣れたから、日曜日でも混雑することはなかった。あそこにポツン、こちらにポツンといった感じで釣り人の姿が見えるだけだった。

葛西水郷で釣れるのは、主に銀ブナ。その名の通り体色は銀色に輝き、釣れるとヒレをピンと張る、それはきれいなフナだった。下町の釣り好きなご隠居さんたちとそんな話をすると「懐かしいね。葛西のフナ釣りなんて、もう忘れてたよ。あそこのフナは、キジ（ミミズ）よりゴカイの方がよく食ったよね」と応じてくれた。フナは淡水だけではなく汽水域にも棲息する。だがミミズは塩分に適応できないから、葛西のフナはゴカイやイトメという虫を餌にしていた。

やがて埋め立てで葛西水郷が消滅し、釣り人の多くは佐原水郷や、同じく千葉県の印旛沼水系や手賀沼へと足を向けるようになっていく。

## 世界最小の釣り、タナゴの魅力

江戸の城下で流行った釣りとして紹介しておきたいのは、タナゴ釣りだ。1メートル前後の短い竿で体長数センチの小さなタナゴを釣る。しかも大の大人が夢中になった。なにしろ、まだナイロンなどない時代のこと、ハリは女性の髪の毛を使うという繊細な釣りである。

三遊亭金馬師匠の『江戸前つり師』からタナゴ釣りのくだりを引用させていただく。

「昔の大名は、深川木場の材木堀で、後ろに金屏風を立てまわし、悠然とお褥《しとね》におさまって、左に金蒔絵のお手あぶり、処女の腰元の髪の毛を針素にして（処女の髪の毛は弾力があり、一度でも男を知った女の髪の毛は伸縮がなくなるという）、わずか2センチぐらいの魚を釣り『これ、釣れたぞ』というと、『ハハー』と、腰元が魚をはずして餌をつけてくれる。ぼくのおやじはお褥も金屏風もなしで、腰元の代わりに鼻たれ小僧のぼくを連れて行った」と書いている。

後年、永田一脩氏が『江戸時代からの釣り』という本で婉曲にこのくだりを批判している。たしかに江戸時代、タナゴ釣りは武士に人気はあったが、金屏風を立てたり、腰元を引き連れたりせず、粛々と釣りにいそしんだ、という。プロレタリア画家として硬骨漢だった永田氏には、「講釈師」の「見てきたような話」が許せなかったようである。しかし、40年も前に読んだ金馬師匠のこのくだりが、いつまでも私の記憶に残ったから、事の真偽はともかく、そんな話がまことしやかに後世に伝わったということだけでも興味をそそられる。

なにしろタナゴは、小さいサイズを釣るほど腕がいいとされる。そこでこの釣りをたしなむ人は、爪の先より小さなはりを虫眼鏡でのぞいて研磨する。「てのひらに100尾乗せることができるサイズを釣り揃えて一人前」とされる、俗に言う「江戸っ子のやせ我慢」の心情にも似た釣りである。タナゴが欲しければ、網で捕ってしまったほうが手っ取り早い。たしかに小さな魚を釣ることで集中力を養うことができるかもしれないが、武道に結びついたかは定かではない。

武士のたしなみとして釣りを取り入れた東北の庄内藩のように、クロダイ釣りのほうがよっぽどましだろう。しなやかな「庄内竿」一本で、クロダイの強い引きを巧みにかわし、磯に引き抜く技を磨けば、刀を手にして相手の呼吸や間合いを計る武道にも通じる気もする。

薩摩、現在の鹿児島では、武士や豪商たちがアオリイカを釣ることに血道を上げた。そのために、餌木《えぎ》という擬餌鉤を作る職人をかかえていた。その底流には、賭けがあったことが知られている。当時のアオリイカ釣りは、夜釣りに限られていた。錦江湾に船を浮かべ、釣った数の多さに大金を賭けて競っていた。その風習はいまも九州に残っていることは、数年前に九州各地を調べ歩いて多くの人から聞くことができた。一晩で100万円単位の金が動く賭け釣りが、一部の人たちの間で行われている。

ところが、江戸前のタナゴ釣りに関しては、金を賭けたり競技をしたりという記録は残っていないようだ。金馬師匠が書いたように、大名が腰元をはべらせて釣りを楽しんだかどうかは別として、純粋に風流を求めたと考えるほかないようだ。屏風を回し、手あぶりがあることから、釣ったばかりのタナゴを焼いて、酒の肴にもしたかもしれない。

一般庶民のタナゴ釣りは、桐など軽い木を削って塗りをほどこしたウキを使う「ウキ釣り」が中心だった。ベテランは小さな目印を頼り、釣り糸の変化でタナゴのあたりを取る「脈釣り」に没頭した。この脈釣りという言葉について説明させていただく。医者が患者をみるときはまず視診。次は触診で、脈を取ることからはじめる。ところが江戸時代、高貴なお方が相手の場合、直接手を取って脈をとるなどできなかった。そこで患者の腕に糸を巻き、その糸から伝わる拍動で脈を取った。これが糸脈と呼ばれた手法である。

はたしてこんな方法で、脈が取れたかどうか知るところではないが、「釣好な医者は糸脈《いとみやく》上手也」という類いの川柳がいくつも残っているところを見ると、一般にも知られた医療行為であったようである。これが釣り用語の脈釣りに転じたようだ。

タナゴという世界に例のない小さな獲物をターゲットにした釣りは、釣漁技術史的には繊細な道具作りの技術発展に大いに寄与したことだけはたしかである。

## 江戸の釣りと道具

海、川、沼、掘割と、そこに棲息する豊富な魚種があったればこそ、太平の世に江戸庶民や武士が余暇に釣りを楽しむことができた。まだナイロンなど化学繊維、合成繊維がない時代にあっても、魚がうようよいたからどんな仕掛けでも魚は釣れたに違いない。

当時、釣りの糸には絹や麻、それに柿の渋を塗って防水加工をほどこしたものなどが使われた。江戸中期になりようやく透明なテグスが大陸から伝わった。第二次大戦が終結する寸前にナイロンが発明されるまで、このテグスが釣り糸の代名詞になった。テグスは輸入品だけにかなり高価だった。そのため長崎の出島では、保管蔵に盗みに入って厳しい処罰を受けた者さえ出たという。

三遊亭金馬師匠は戦時中、中国からテグスの輸入が途絶えることを心配して買い占めに走った。ところが「ナイロンが発明されてテグスが山のように残ってしまった」とこぼしていた。

このナイロンはアメリカ人が発明、デュポン社から発売されたもの。戦時中、空中戦に欠かせないパラシュートの素材に絹が使われていた。ところが日米開戦で日本から絹の輸入ができなくなったアメリカは、それに代わる軽くて丈夫な合成繊維の開発を急いだ。その結果、綿や絹に代わる夢の繊維として生まれたのがナイロンである。

年配の方には懐かしい言葉に、「戦後強くなったのは女性と靴下」がある。女性はともかく、それまでの絹や木綿で作った靴下に比べ、ナイロン製の靴下の強度は抜群だった。

天下泰平の世を謳歌する釣りという遊びだが、次に紹介する和竿の技術は、弓の矢や刀の柄を作る技術の応用だった。海で魚の群れを見つけるために使われる魚群探知器は、潜水艦を発見するために開発された音波探知器が応用されたもの。さらに古くは、釣りに使うおもりである。これは鉄砲伝来の副産物とされている。それまで釣りのおもりには石が使われていた。ところが鉄砲の弾に使われた鉛が重さや形状の加工が自在であることから釣りに転用されたとされる。ただし日本人はすでに鉛害を引き起こすことを知っており、あえて使わなかったとも言われている。

武器の製造が釣りという遊びに大きく貢献したことはなんとも皮肉なことである。

## 本格的な和竿の登場

釣りという遊びが1000万余ともいわれる愛好家にまで広がった基礎を作った竿師が江戸に登場する。その名は泰地屋東作。伝統ある銘竿《めいかん》「東作」の開祖である。

天明8年（1788年）、紀州徳川家江戸詰めの武士であった松本東作が、武士という堅苦しい肩書きを捨てて泰地屋三郎兵衛という材木商の娘と恋に落ちて所帯をもち、竿作りに専念し店を開いた。松本東作がどの程度の禄を食《は》んでいたか定かではない。だが少なくとも食うにはこまらなかったはずである。嫁さんの実家・泰地屋も苗字を許された商人だから、逆玉の輿という手もあっただろうが、好きな竿師の道に進んだのである。

ここで取り上げている竿とは、竹の「継ぎ竿」といわれるいわゆる和竿《わざお》のことである。江戸でこの継ぎ竿を最初に考案したのは、利右衛門という人であるとされる。だが、和竿だけを主に商う「竿屋」として成功し、その看板を守ったのが東作であることだけは間違いない。

それまでは長くて持ち運び不便な「延《の》べ竿」と呼ばれる一本ものの竿だったが、何本もの竹を継ぎ、仕舞いは2本、もしくは3本に納まるというコンパクトで持ち運びに便利な竿を作り販売した。これは当然人気をよび店は繁盛することになる。

日本は釣り竿に適した各種の竹に恵まれているという事情もあるが、武士出身の竿師たちが目指したのは、使い勝手や強さはもちろんのこと、見た目の美しい竿である。竿作りは、素材となる竹の切り込みから、油抜き、乾燥、切り込み、火入れ、塗りと気の遠くなるような工程がある。

布袋竹のように曲がった竹を炭火で炙り、曲げてまっすぐにするために使う「矯《た》め木」という道具がある。だがこれは本来、まっすぐな矢を作るために考案されたものである。また、竿に漆を塗るが、これに螺鈿《らでん》などをほどこしたものは刀の鞘や柄を作る技術がふんだんに取り入れられている。

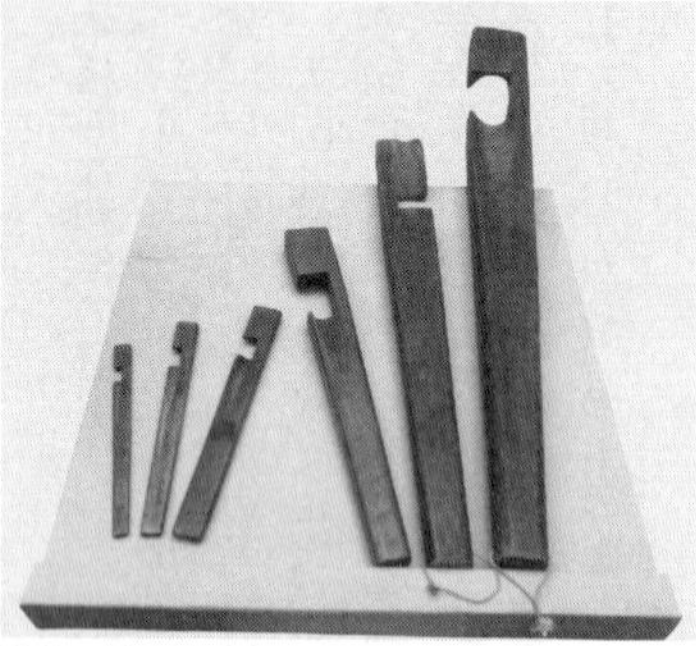
竿作り矯め木（中川船番所資料館）

江戸和竿が、単なる実用品としてだけではなく、美術工芸品の要素を早くから取り入れた経過は、じつは竿作りにたずさわった人の少なからぬ部分が、武士出身であったからではないかと推測される。6代目東作の松本三郎さんは、代々語り継がれた東作秘話を『竹、節ありて強し』の中で次のように書いている。初代東作はもともと諸道具、書画骨董を商うかたわら、趣味で竿を作っていた。やがてそれが本業になってしまったという、同じ竿師なかまの初代「竿忠」の口伝を紹介している。ちなみに一世を風靡した落語家・林家三平師匠の奥さんで、エッセイストとしても活躍する海老名香葉子さんは3代目竿忠の娘さんである。初代東作の技は、名人と誉れの高い3代目で完成度がいっそう高まり、昭和、平成の世へと絶えることなく伝えられていく。

ただ残念なことに、私は名人上手の作ったいわゆる「銘竿」を手にしたことがない。家の近くの「竿富士」という職人の作った竿をもっぱら使っていた。ボラ竿を作らせたらぴか一という評判であったが、竿を作るとき以外は、長火鉢の前でキセルをくわえ、きざみ煙草をくゆらせていた。五尺足らずの小柄な人であったが、背筋をぴんと伸ばした姿勢を崩したことがなかった。こうした竿師が下町には多く、釣り人気を下支えしていた。

## 鯨のひげ

釣りと鯨のひげ。まずこの関係からお話ししよう。鯨は、歯鯨と髭鯨《ひげくじら》に大きく分類される。歯鯨とは、文字通り歯のある鯨で、イカや魚を捕食して生活している。これに対して髭鯨は、海水と一緒にオキアミなどプランクトンを大量に飲み込んで、海水を吐き出す際にひげとよばれる櫛の歯状のもので漉す。セミクジラ（背美鯨）やイワシクジラ（鰯鯨）がこの仲間に入る。

捨てるところのない海洋資源としての鯨だが、このひげが古来、さまざまに活用されてきた。たとえば伝統芸能の文楽では、まるで生きているような動きを演じる人形の首に使われるばね。あの微妙な動きは、鯨のひげでなければ出せないとされる。また、武士の正装であった裃《かみしも》の襟の芯には、鯨のひげが入っていた。適度な弾力と強度を持つ鯨のひげは、上等な小田原提灯の柄にも使われていたという。ただの棒切れだと提灯の揺れが大きいが、柄に鯨のひげを使うと提灯が安定したそうである。

この弾性に目をつけた竿師は、鯨のひげを削って竿の先に利用することを思いついた。現存する最古のものは、江戸時代に作られた「タナゴ竿」の穂先と呼ばれる先端部である。竹より反発力が小さいので、小さなタナゴが餌をくわえると少し曲がったままになる。そこでちょっと竿を立てれば魚が掛かるというわけである。

鯨のひげを竹に接合して穂先に使った沖釣り用の竿に「横浜竿」と呼ばれるものがある。明治時代に創業した横浜にある老舗船宿でじいさんから聞いた話では、日本で最初に横浜に街灯がともり夜道が明るくなり、提灯が不要になった。その結果、大量の鯨のひげが余

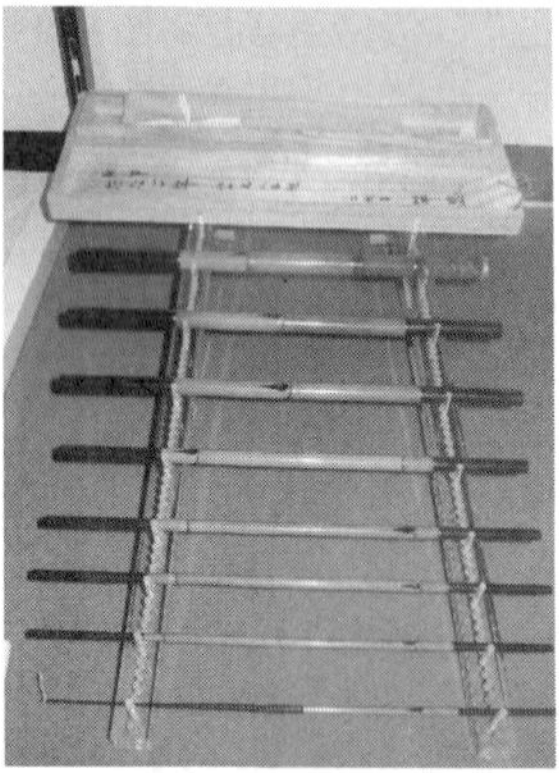
２代目竿忠のたなご竿
一番手前の竿の穂先が鯨のひげ
(中川船番所資料館)

ってしまい処分に困っていた。それを横浜の竿師が竹に接合したら、スズキやタイを釣るのに具合がよかった。そこでどの竿にも鯨のひげが使われるようになったという。江戸時代は、東京湾にも鯨がいたし捕鯨もあった。だが、大量の鯨のひげはおそらく廻船に積まれて紀州や四国から江戸へ運ばれたのではなかろうか。

近世になって江戸前の竿師たちも鯨のひげを穂先に使うようになった。セミクジラの穂先が最高級とされたが、一般的には廉価なイワシクジラの張り合わせが用いられた。職業捕鯨が禁止になってから鯨穂の入手が難しくなり、セミクジラは穂先だけで数十万円という高価なものになってしまった。私も1本だけセミクジラの穂先を使った竿を持っている。竿師さんに素材を見せてもらって驚いた。イワシクジラは曲げると簡単に折れてしまうが、セミクジラは折れずに元に戻る。同じひげでもこれほど違うのである。

## てんびんという釣り具

釣り人は、魚が2尾同時に掛かると「一荷で釣れた」と喜びの声が出る。この一荷だが現在の釣りでは、単に2尾同時に釣れたことを指す。だが一荷という言葉は本来、「天秤棒の両端、あるいは馬の背に荷を振り分けること」である。

ちなみに広辞苑（第5版）では「天秤棒の両端にかけて一人の肩にになえる分量」とある。

天秤を使った釣り姿『木場名所図絵』

『江戸名所図会』の日本橋魚市の風景には、天秤棒をかついだ「一荷」の荷姿が描かれている（194頁）。

天秤の原理が釣りに応用されるようになったのは、少なくとも江戸時代の中期以降。釣りの仕掛けを紹介した本に隅田川でのコイやフナ、海ではハゼ釣りなどに使われていた図が残っている。江戸時代に釣りに使われたてんびんの形は、まさに天秤棒そのもの。しかも中央に糸をかいしてオモリをぶら下げてバランスをとっていた。

使われた材質は、最初は竹。やがてクジラのヒゲ、そして鉄や銅の合金に変わっていく。糸で下げていたオモリは、てんびんを貫く形に改良される。昭和17年に刊行された松崎明治の『釣技百科』にもこのスタイルが紹介されている。天秤を見て釣り具のてんびんに応用した先人の知恵は、しかもその形状に多少の改良を加えられながらも、平成の時代まで引き継がれた。

## 釣り餌のこと

江戸時代に書かれた釣りの本や雑学の本を読んでいると、しばしば登場するのが丘餌。蚯蚓《みみず》と注釈があったりする。フナ、コイなど淡水魚はもちろん、ハゼやボラなどもミミズを餌にしたようだ。海の釣りで使われるポピュラーな餌はゴカイやイソメと呼ばれる虫。江戸時代にはすでに餌屋もあった。餌屋は一般の釣り客はもちろん、船宿や露天で餌を売る商人を相手にするため大量の餌を確保する餌問屋の役割を果たす大店《おおだな》もあった。

戦前まで、私の住む狭い町内になんと3軒もの餌屋があったという。前述の三遊亭金馬師匠の本には「明治大正昭和にかけて、東京で有名な餌屋は、深川新高橋のたもとに『餌喜』というのがあった。穴倉の地下室に盤台が山のように積んであって、船をつけて買った覚えがある」と記されている。戦災で焼ける前、家はこの餌喜と向かい合っていた。餌喜は何人もの掘り子とよばれる餌掘り職人をかかえていたと書かれているが、毎日大勢の掘り子を乗せて船を出していたと母が話していた。

マンガを使ってのゴカイ掘り

じつは私も頼まれて、餌屋でアルバイトを何度かしたことがある。昭和40年代、東京湾がまだハゼ釣りの客で賑わった頃の初秋のある日、なじみの餌屋のおやじさんから「週末の餌が足りねえんで、明日の朝、掘り子やってくんねえか」と頼まれた。「マンガ」という大型の熊手のようなものを手に、潮が引いた荒川河口、現在の若洲海浜公園近くで船から降り、泥を掘り返してゴカイを掘る。まだ小遣い銭ももらえなかった子どもの頃は、近所でミミズを掘り、海ではゴカイを掘って餌を調達していた。だから手馴れていたつもりでいたが、プロの掘り子たちの手は神業のように早かった。泥に空いた小さな穴を目印にマンガで掘り起こし、それを崩して地中に潜むゴカイを指先でたくみにより分けていく。ゴカイは柔らかい虫で尻尾が切れやすいが、両手を使ってみるみる桶に入れていく。ある程度たまると海水で洗ってから一抱えもある盤台に入れ、積み上げておく。

掘り子も大変だが盤台に大量にかこっておくゴカイは、排泄物や粘液を取り除き、1日に何度も水を替えなければ死んでしまう。その仕事は餌屋や船宿のおかみさんの担当である。深川冨士見のおかみさんから、「わたしゃ嫁に来てから40年、毎日ゴカイの世話ばかりで旅行なんかいっぺんだって行ったこともないですよ。ほんと、『船宿のかみさんなんて客を送り出しちまえば暇だから』なんて仲人口にだまされたんですよ」という嘆きの声を聞かされた。

今ではゴカイなどの餌は、プラスティックのパックで売られているが、昔は餌箱や餌桶を持って買いに行ったもの。一合升を裏返したような升にゴカイを乗せての計り売りであった。昭和30年代、2合買っても足りなくなったら自分で掘るというパターンであった。

江戸前から魚たちも消えたが、餌のゴカイなどもめっきり少なくなってしまった。餌屋で売っている餌もアオイソメと呼ばれる輸入物が大半を占めるようになってしまい隔世の感がある。

## 江戸時代、船で「用を足す」必需品

海辺や川岸から釣りをすることを「おかっぱり」という。漢字では「陸張り」、「岡張り」、「丘張り」の文字が当てられる。女性をナンパすることをかつては「岡釣《おかづ》り」と言った。「あの人は岡釣りの名人ですよ」といえば、女性を口説くことを生きがいにしている御仁である。

ちなみにこの言葉は、岡場所の女性を買うことから生まれた言葉。岡場所とは公娼として天下公認の吉原以外の私娼を総称した言い方である。釣り好きな人間は「短気で助平」が通り相場であると著名な文豪も書いているが、「魚を捕る」ことに夢中になる人ほど、刺激に反応するホルモンの分泌が盛んとされるから、あながち的はずれとも言えない。ともあれ、岡釣り、岡っぱりは似て非なることだけは、記憶にとどめておいていただきたい。

釣りを題材にした浮世絵にもこの岡っぱりを描いたものと船から竿を出す女性を描いたものがある。いまでこそ船にはトイレが完備しているが、江戸時代にそんな設備はなかった。男子は船縁に立って用を足せばいいが、女性はそうはいかない。そこで殿様のお供などでお女中衆が舟遊びのお供をするときは、焙烙《ほうろく》を持ち込んだことが当時の川柳からうかがうことができる。

焙烙とは、豆を炒ったり、薬を煎じたりする焼き物。着物の下の裾をまくって、焙烙をまたいで用を足したのである。

まだ小学生だった私が船の釣りを始めた頃、女性客が乗ると船宿では洗面器か金のバケツを用意した。ところがこれを使うとじつに派手な音がする。私はいつも船尾に近い場所を船宿で用意してくれていたから、すぐ近くで放尿の音を聞いたときは、心臓が止まりそうになった。学生時代、酒を飲むとよく放歌したどんどん節に、「美人美人と威張るな美人どんどん、美人屁もする、糞もする」という歌詞があったが、妙齢の女性が発する音は幼い私にとって、女神のような女性観を一変させる出来事であった。

戦後、秋になって江戸前の海がハゼ釣りの船で埋め尽くされる季節になると、「売ろう船」が登場する。温かいうどんなどを売る船で、船頭が櫓を立てておくと近くに寄ってくる。その船にはトイレもあって女性が用を足すこともできた。

## 船宿ことはじめ

釣り人が何気なく使っている船宿という言葉だが、泊まることができなくても「宿」というのはなぜだろう。そんな疑問をもって海辺を歩いて看板をながめてみると、「釣宿」と書かれていることもある。こんな些細なことが気になって仕方がない自分が嫌になるが、これも性分とあきらめている。

釣りの宿に関しての記述が意外な書物にあった。それは蜀山人こと大田南畝が書いた『増訂半日閑話』に載っている「釣舟清次の厄よけ札」という話。次のような内容である。

本八丁堀で釣り舟渡世を業とする清次なるものが、厄よけ札を配っていることを奉行所がとがめたときの上申書なるものがあるという。

それによれば寛政2年（1790年）5月24日、釣り舟の客がいないので自分だけで鱚《きす》釣りに出た清次は、100尾の鱚を釣り、築地の堤防で舟を洗っていると唐人風の大男がその魚をくれと言う。1尾やると大男は「お前は正直者だ。名はなんと言う」「清次だ」と答えると「俺は疫病神だ。魚をくれた礼にいいことを教えてやろう。お前の家に『釣り舟清次の宿』と書いた札を貼っておけ。そうすれば疫病神はお前の家には入らない」と言い残して姿を消した。

その話を聞いた同じ長屋に住む者が、女房が病気でふせっているので清次にその札を書いてくれと頼

「船宿」の看板が掲げられた桟橋
（深川江戸資料館）

む。だが清次は文字が書けない。そこで代筆してもらった札を家に貼ったらたちまち病が治った。それから「釣り舟清次の宿」の札が人気になったという話である。

その札の一番上の「釣」と下の「宿」で「釣宿」になる。ここで宿とは、単に「住んでいる所」というだけで、人を泊める「宿屋」ではない。また、江戸前や江戸周辺での釣宿もしくは船宿は、当時貸し舟業が主であったが、客を乗せて釣りをさせる者が、寛政年間（1789〜1801年）にはすでにあった。しかも当時、賑わいをみせた日本橋河岸にほど近い場所にあったのである。

情報伝達が遅い時代における「これが最初」という断定は、なかなか難しいが、遊漁史探訪の面白さもそこにある。

じつは「船宿」という言葉は元禄（1688〜1704年）にはすでに登場している。清次が釣宿を生業とする100年近く前のことである。

当時の船宿とはいったいどんなものであったかを調べてみると、おおよそつぎのようになる。

1　物資や人の移動を水運に頼っていた時代、船を利用する人のための宿泊施設（天候しだいで発着が不明なため）や待合所であった。
2　花見、花火見物、桜見物、潮干狩りなど船遊びのための施設。
3　屋形船、屋根船での売春の斡旋や、猪牙舟と呼ばれる小さな舟を使って公娼（おおやけに認められた売春街）や私娼（私設の売春街）への送迎。
4　釣り人のための施設。必ずしも宿泊をともなわなかった。貸し舟が中心で、自分で棹《さお》をさして釣り場を探す手前船頭が中心であった。船頭を雇うこともあった。
以上が江戸時代を通じて船宿が果たした役割である。海運業の付属的役割としての船宿は、家康の江戸入城後の重点施策のひとつとして発達し、物流が陸送に変わる第二次大戦まで続く。

なかでも山本周五郎の『青べか物語』の舞台となった、浦安を終着とする蒸気船の発着場には、数多くの船宿が存在した。

花火見物でにぎわう隅田川の様子は、『江戸名所図会』にも描かれており、川面を埋め尽くす船の数は、現在の川開きをしのぐとさえ感じさせる。

いわゆる「舟遊び」は、舟で酒席をもうけるほかに大川土手に咲く桜見物、潮干狩りにも出ていた。やがて明治、大正、昭和と時が移っても、昭和30年代まで江戸前の舟遊びとして庶民の楽しみであったに違いない。わずか半世紀ほど前のことである。

こうした健全な遊びのほかに、船宿は男女の密会の場を提供してきた。現在のようにモーテルなどない時代、屋形船のような完全な密室だけでなく、簾を下げただけの舟でも公然と男女は愛し合っていたようである。川面に浮かぶ船に揺られながらの男女の営みはさぞ風流だろうと思うのは不謹慎だろうか。

ときの幕府は、屋形船の禁止令を出すが、いつの世にも性を売り物とする産業は、いかに法で規制しても形を変えてたくましく生き抜いてきた。ただ、商売とはいえこんな船の船頭でも心付け（チップ）がたっぷり入ったことだろうが、因果な商売だったに違いない。

ただし、釣り人だけを客とした「健全な船宿」もなかったわけではない。『守貞謾稿』には、船宿と別個に「漁舟」として紹介され、「船宿を兼ねるものあり」と書かれていることから、いつの日か釣り客だけを相手に商売をする船が増えていったのであろう。

# 第8章「江戸前」の定義と復活の息吹

江戸前という言葉は、江戸時代から定義が定まらないまま今日に至っている。そこで様ざまな角度から検証し再考を試みる。埋め立てが年ごとに進み、風前の灯火に思えた江戸前に今、嬉しいことに復活の狼煙《のろし》が上がり始めた。

## 言葉はひとり歩きするもの

江戸幕府の開府400年記念を迎えた2003年、様ざまなメディアで特別番組が組まれた。とくに鮨や鰻などの食文化を特集した番組では、底の浅い内容ばかりが目に付いた。また江戸前という言葉の間違った使い方や乱用に毎日のように腹を立てていた。

そこで菩提寺に足を運び、「最近、言葉の誤用で無性に腹が立って仕方がないですよ……」と住職に愚痴をこぼすと、こんな話をしてくれた。

「仏に仕える身でも、同じようなことがたくさんありますよ。たとえばみなさんよくお使いになる『冥土』という言葉ですが、あれは本来、浄土・極楽の対意語で、暗黒の地獄を意味するんです。死者の霊が迷いつく暗黒の世界ですよ。それがいつしか、単に『あの世』を意味するように使われるようになってしまった。本来、『冥』とはなにも見えない暗闇だから、葬儀で弔電が披露されるとき、『ご冥福をお祈りします』という決まり文句が読み上げられるたびに、『それじゃ亡くなった方に地獄に落ちてもお幸せに、と祈ることになってしまうんですよ』、そう言いたくなってしまうんです。誰がこんな使い方を考えたのか、いつ頃からこんな表現がされるようになったのか調べてみたんですが、未だによくわからないんですよ。まさか読経を中止して『それ、違いますよ』とも言えないでしょう。まあ、言葉が時代とともに変わることは理解できるんだが、世の中これでいいのかなって拙僧も首を傾げているんですよ」と歎いておられた。

そこで私も心を静め、江戸前という言葉の変遷をたどっていくことにする。

## 江戸前は漁場の呼称として誕生

ここまで江戸前の海がいかに豊かだったかを、見たまま経験したままに述べてきた。そこで最後に残ったテーマが、「江戸前の定義」である。これほどポピュラーでありながら、江戸前という言葉が生まれてから今日まで、その定義が定まらずにきてしまった。

江戸前とは江戸時代の中期に生まれた言葉で、

①「江戸の前の海」を縮めて「江戸前」という呼称が誕生。単なる「海」ではなく「漁場」も意味していた。

②「江戸前で捕れた魚介の総称」という意味が付け加えられた。さらに名産であった鰻の代名詞へと変化していった。

江戸前という言葉が読み物の中に登場するのは十返舎一九の滑稽本、『東海道中膝栗毛』（享和2年・1802年）である。「弥次喜多道中」でお馴染みの弥次郎兵衛と喜多八が連れだってお伊勢参りをする珍道中を描いた作品である。その「発端」に「江戸前の魚のうまみに剣菱」というくだりがある。ここでの江戸前は、豊かな漁場として庶民から人気を得ていたことをうかがい知ることができる。

## 江戸前とはどこを指す?

江戸前の定義が紆余曲折、混迷を深める最も大きな問題は、江戸前の範囲をどうみるか、という問題に絞られる。日本経済新聞は、首都圏まるかじりの「なんでも調査団」で取り上げた「『江戸前』ってどこまで」(2014年1月21日付)という記事。大辞林を引用しながらも、私が主張している、狭義の江戸前つまり「江戸の前、現在では東京都の前の海」は埋め立てが進み、漁業も行われていない。これでは「江戸前で捕れた魚を使ったすし＝江戸前ずしそのものが成り立たない」と書かれている。

記事は、「困ったあげく、たどり着いたのは水産庁の資料。実は2004年、同庁は『豊かな東京湾再生検討委員会』なるものを立ち上げ、江戸前について真剣に論議していた」とし、2006年に出された報告書に江戸前の範囲に関して「6パターン」があり、水産庁としては「場所として東京湾全体としながらも、これ以外の見識も否定するものではないと注釈を併記した」ので「ますます曖昧な江戸前」と書いている。

この記事に紹介された「狭義の江戸前」とは、かねてから私が主張してきた江戸前に関する考え方である。この「狭義の江戸前」という名称も、「豊かな東京湾再生検討委員会」（以下、検討委員会）で決め付けられた名誉ある呼び方である。

じつは私もこの検討委員会の分科会委員の一員として参加していた。委員の委嘱を受けるとき「私がメンバーに入ると荒れますよ」と申し上げたが、水産庁の担当者は、「どうも論議が不活発なので望むところです」と大見得を切った。江戸前の定義を論議する分科会にはオブザーバーとして発言の機会を与えられ、次のような意見を述べさせていただいた。

「江戸前とは、江戸時代に書かれた様ざまな文書を見ても『江戸の前の海』であり、江戸前の漁師のみならず、隣接する県の漁師たちも全く同じ考え方だった。今でもそうですよ。確かに江戸前という海、漁場は猫の額ほど狭い。にもかかわらず単位面積当たりの漁獲高で日本一の座を守り続けてきたんです。浅草海苔の生産高はもちろん、牡蠣だって広島を抜いてトップを取ったことが4度もある。

その海が埋め立てで狭くなり、漁業ほとんどができなくなったからと言って、千葉県や神奈川県の方々に、俺たちの海がなくなってしまったから、これからはあなた達の海を『江戸前』って呼ばせてね、と言うのはおかしいでしょう。隣接する県の方々に失礼だし、無礼千万ですよ。それぞれの県が育んできた特産の魚介類の呼称を勝手に変えるなんて私には許せない。江戸前ではない魚を江戸前と言うのは、それこそ産地偽装じゃないですか」

検討委員会を取材するために傍聴していたマスコミの方々から、「あなたの発言が一番説得力がありましたよ」と声をかけていただいた。

ここで検討委員会が整理した6パターンをご紹介しておく。

①　ほぼ羽田沖から旧江戸川河口までの狭い範囲を指す説。

②　内湾全域を指す説。（内湾とは観音崎と富津州を結んだ線の以北の呼称。）

③　観音埼灯台と房総半島鋸山を結んだ線の内側を指す説。

④　東京湾全体説。

⑤　外房、相模湾、伊豆まで広げる説。

⑥　築地魚河岸に集散する魚の獲れる海域説。

この中で、⑤と⑥は余りに範囲が広いことや、対応する地域の漁業者や業者の理解が得られないとして排斥された。④が水産庁推奨の説である。①から④までを左頁の図に整理したのでご参照いただきたい。

ただし「東京湾とはどこを指すのか？」についての説明は、論議が混乱するおそれがあるので後で説明させていただくことにする。

## 「豊かな東京湾再生検討委員会」の功罪

水産庁が東京湾の再生に力を注ぐために作られた検討委員会は画期的なものだった。

千葉県
東京都
隅田川
荒川
旧江戸川
東京（江戸）
東京ディズニーランド
多摩川
羽田空港
神奈川県
1
2
3
4
三浦半島
富津
観音崎
鋸山
剱崎灯台
洲崎灯台
房総半島
太平洋
この線より北側すべての海域
水産庁が定義した「江戸前」
1 江戸前＝多摩川と旧江戸川の間
江戸時代後期から昭和40年まで漁師たちが「江戸前」とした範囲
1～2 地理学者による東京湾（多くの辞書が採用）
1～3 築地中央市場が昭和28年に決めた漁場としての江戸前
1～4 海上交通安全規則が定めた東京湾
※ 1 2 を内湾、3 4 を外湾と呼ぶことがある。
江戸前と東京湾の範囲に関する諸説

江戸前から消えてしまった「アオギス再生検討分科会」もできたが、魚類学者から、「絶滅が証明されていない」と横槍が入り、分科会そのものが立ち消えになってしまった。もう40年以上、漁師の網や延縄にも掛かることなく、釣り人が釣ったこともないアオギスの「絶滅を証明しろ」というのは無理難題、机上の空論でしかない。海の魚は、朱鷺《とき》やイリオモテヤマネコのように人の目で確認することはできないから……。

水産庁がこの検討委員会を設置した背景には、２００５年に神奈川県が主催県となる「全国豊かな海づくり大会」に向けて、全面的に支援する狙いがあった。天皇陛下ご夫妻に幻の魚アオギスを放流していただこうと、種苗センターで畜養して準備を調えていたのである。

また江戸前の呼称や範囲に関しては、「全東京湾が江戸前」という水産庁の見解を世に知らしめるべく、膨大な資料を作成していた。ある日のこと、少数意見である私は水産庁に呼びだされ、私見と水産庁の見解とのすりあわせというか、激論を闘わせた。そのとき水産庁のキャリアと呼ばれる方々の論法は鋭く、「霞ヶ関ってすげー」と仰天した。

そしていよいよ水産庁の「江戸前の定義」が公表される寸前、讀賣新聞社が夕刊のトップでその見解をすっぱ抜いた。「外房のあわび、三浦のたこも江戸前？」という記事で、かつて江戸に運ばれた海産物はすべて江戸前とするのはおかしい、という趣旨の記事だった。

そこで最終報告書には水産庁の見解を示しつつ、「これ以外の見識も否定するものではない」という注釈を付けた。これが日経新聞に載った記事の裏にあった真相である。そもそも魚の産地に水揚げ港主義を採用したのは水産庁である。捕れた場所、つまり漁場では表記できないように指導したのも水産庁である。それを江戸前に限っては「漁場」とするのは無理がある。

水産庁の幹部職員とは激論を交わしたというよりも喧嘩腰で物を言った私だが、検討委員会を担当された職員の方々の行動には頭が下がる思いだった。若い女性の職員は江戸前のなんたるかを学ぼうと、休日を返上して東京湾の津々浦々を回り、地形、海産物、食文化などを調査し続けていたことを付け加えておく。

## 鮨ネタと江戸前

築地中央市場で鮨屋や天ぷら屋にいわゆる「江戸前のネタ（種）」を卸す業者団体「東京湾内湾特殊物連合会」の取り決めでは、観音崎と鋸山《のこぎりやま》を見通した以北で獲れた魚介を江戸前とする取り決めが昭和28年から今日に至るまで守られている。

この見解も検討委員会が認めた6パターンの一つである。しかし水産庁は、「昭和28年から一度も変更していないのは如何なものか」とあっさりと退けてしまった。これも変でしょう。水揚げ高が落ちても、漁場を拡大することなく商いを続ける。江戸前のネタにこだわる鮨屋や天ぷら屋は、苦労しながら仕入れを続けている。まさに継続は力なのである。

「旦那、今年は江戸前の穴子が少なくて、やっと子安の穴子が入りました」と言って握ってもらうとありがたみがある。鮨ネタへのこだわりは、「往年の江戸前の味に似た魚」を探すことを基本にしている。

私の見解は頑固一徹であり、「無い物ねだり」をする駄々っ子のように思えるに違いない。だが東京湾内湾特殊物連合会の見解は江戸前の定義に関する一つの説として素直に認めてよいと考えている。それこそ言葉が時代とともに変わる例のひとつ。戦後60年以上もこれで商売をしてきた実績があり、江戸前の海の幸という伝統を崩さない姿勢には賛意をおくりたい。

握り鮨には「江戸風」という意味で使われることが多い昨今、ネタも江戸前にこだわる業者がいることも多くの方にぜひ知っておいていただきたい。東京湾内湾特殊物連合会が現在取り扱っている江戸前の魚介は35品目以上にのぼる。アナゴ、アジやイワシ、シロギス、ハゼ、スズキなどのほか、シャコ、コウイカ、アオリイカ、アオヤギ、本ミル貝、白ミル貝、赤貝などである。

富津と観音崎を結ぶ東京湾が最も狭くなった海域は流れも速く、ブリの若魚であるイナダやタチウオが回遊してくる。またスズキも身が締まって実に美味い。ちなみにそこで釣れるスズキの腹には、イワシやアジなどの小魚のほかに、秋にはイイダコやアオヤギが入っている。食べている餌の豊富さに驚くが、広い海を泳ぎ回って捕食する天然の魚の味は、養殖物とは全く違い奥深い味わいを楽しむことができる。

## 古文書などに残る江戸前の範囲

さて、どこからどこまでが江戸前の範囲だったのか。江戸時代に書かれた文献を見ていこう。

関西出身の戯作者、西澤一鳳が書いた『皇都午睡《みやこのひるね》』（嘉永3年、1850年）には「大川より西手、御城より東手」とある。隅田川より西、江戸城より東と言えば、中央区と千代田区のほんの一部分ということになる。江戸文化に造詣が深い三田村鳶魚は、「天麩羅と鰻の話」で「大川つまり隅田川より西で江戸城より東ということで、下町地域一帯を指す」としているが、これでは芝や品川が含まれないことになってしまう。

漁場としての江戸前の範囲について最も説得力があるのは、池田弥三郎が『日本橋私記』で紹介した、幕府の肴役所に提出した日本橋肴問屋の大和田屋庄兵衛ら問屋の主人四人の署名がしたためられた「回答書」（文政2年、1819年）である。それが『日本橋魚市場沿革紀要』に収録されている。

「但し江戸前と唱へ候《そうろう》場所は、西の方は、武州品川洲崎一番の棒杭と申場所、羽根田海より江戸前の入口に御座候。東の方武州深川洲崎松棒杭と申場所、下総海より江戸へ入口に御座候。右壱番杭と松棒杭を見切りと致し、夫《それ》より内を江戸前海と古来より唱へ来り候」とある。

おおまかに言えば品川から深川の洲崎までの海域で、私がこれまで書いてきた多摩川と江戸川を結ぶ内側とほぼ一致する。

残念なことに、幕府の質問状は存在しない。そこでその経緯を想像してみると、ある日、将軍様に、「夕餉《ゆうげ》に供した魚は江戸前にございます」と申し添え、お膳をお出ししたところいたく気に入られた。そこで仕入れ担当の肴役所の筆頭を呼び出し、「これこれ、巷でいう江戸前とは、いったいどこを言うのじゃ」質問を投げかけた。

御肴役所の役人は、「ははっ、その儀、すぐにお調べ致しますのでしばしのご猶予を」と返答し、すぐさま日本橋肴問屋の大和田屋庄兵衛ら問屋の主人四人を呼びつけ、「江戸前とはいったいどこを言うのじゃ、即刻返答を致せ」と命じたのではなかろうか。

肴役所への回答は、「西は相州（現在の神奈川県）、東は下総（現在の千葉県）の内海まで」を江戸前とする当時の漁師たちの口伝を文書化したものとされる。公文書として動かし難い江戸前の定義といっていいだろう。東京都港湾局が作成した『東京港史』もこの回答書を根拠に江戸前の範囲を説明している。

他にも船橋漁民の漁業紛争で奉行所が裁可した記録にも同様の趣旨が見える。そこでも漁民はほぼ同様に述べている。

ひょんなことから私は「江戸前」を定義づけた一文を見いだした。それは天保2年（1831年）に武井周作が書いた『魚鑑』という本である。この本は魚の百科事典ともいえる本で、漢字での表記、魚の特徴、料理法、味、効能などが書かれている。

武井周作の本業は医者である。だが魚に対する興味が深く、日本橋魚市場の近くに転居して毎日、市場に並ぶ魚を観察し、自ら食べ比べてこの本を書いたとされる。

その中に登場する江戸前が興味深い。たとえば「いわし」の項。「……処々海浜多しといへど、東武《むさし》の内海の産、所謂江都前《ゑどまへ》にして、味ひ美く、他州《たこく》の産に勝れり……」と記してあった。『魚鑑』のボラの項にも「所謂江戸前」という記述が出てくるが、やはり当時の江戸の地先をさしている。

東武（武蔵）の国といえば江戸のこと。その内海だから江戸地先の海に限定してはっきり「江戸前」としている。

そしてなによりも注目すべきは「江戸前」の前にわざわざ「所謂」と断り書きの言葉を置いていることだ。「世に言う『江戸前』」と考えれば、「江戸前」という言葉が幕末には江戸庶民の間で広く使われていたことがうかがえる。

さらに驚くべきことは、武井周作がこの本で、江戸前の魚が他所産のものより美味いのは、単にお国自慢ではないと、根拠を明確に書いていること。一つは江戸市中で米を炊くときに出る「研ぎ汁」が川を通じて江戸前に流れこみ、栄養豊かにしている。「あぢ」（アジ）の項では「腹中あみ満つ。これをなかふくらといふ。（中略）冬は痩て料理あたらず、只腊《ひもの》となす」と、腹を割き、魚が食べている餌にまで言及し、なおかつ季節による味の違いも明確にしている。

武井周作の執念とも思える江戸前へのこだわりには他にも理由があった。江戸前は、神奈川県や千葉県に比べて透明度が低い。それをもって「昔しはをゐど（汚穢土）いや、むさし、きたなし」とさげすまれたことへの反発である。汚れと濁りは違う、豊かな栄養分が濁りと勘違いされていると主張した。

それにしても、お江戸が「をゐど・汚穢土」と陰口を叩かれていたことは、この本に出会うまで全く知らなかった。その上で江戸前が実に狭い海であるとも述べているから、凄い！　ちなみに「汚穢」は「おわい」とも読み、屎尿などを意味している後世では差別用語ともされるが、原文にしたがって紹介させていただいた。

こうして考察してみると、江戸中期に使われるようになった「江戸前」という言葉は、江戸城の前の海で捕れた魚介類を指したが、やがて江戸の地先つまり深川浦や品川浦、佃周辺の漁師が取った魚介類をさすようになる。そして江戸末期に「江戸地先全体」を指すようになったと考える。

## 江戸湾という呼称は存在したのか？

広辞苑（第5版）で「江戸前」を引くと、つぎのような説明が記されている。

えどまえ［江戸前］（芝・品川など「江戸前面の海」の意で、ここで捕れる魚を江戸前産として賞味したのに始まる。鰻（うなぎ）では浅草川・深川産のものをさす）①江戸湾（東京湾）付近で捕れる魚類の称。膝栗毛・発端「――の魚のうまみに」②江戸風（ふう）。梅暦「――の市隠」

ここには東京湾を江戸湾と書いている。

東京湾学会の理事長をつとめていた高橋在久氏は『東京湾水土記』で、湾に名称が付けられるには歴史的におよそ三つの原理があると説明する。

（1）国の範囲のなかにある湾には、その国の名がつけられた。（相模湾、土佐湾など）

（2）二国以上に囲まれている湾は、湾岸における最大の都市の名前をつけた。（東京湾、鹿児島湾など）

（3）湾を囲む地方名を付けた。（内浦湾、渥美湾など）

江戸時代、現在の東京湾は五つの国に囲まれていた。最大の都市は江戸だから「江戸湾」とよばれてしかるべき。だがそれを示す絵図なり文書が存在しないという。

高橋氏にお伺いしたところ、江戸幕府は慶長、正保、元禄、享保、天保の各時代に

「国絵図」を出したが、そのいずれにも江戸湾の記載がない。明治5年11月測量の「武蔵国東京海湾図」に、欧文表題で「TOUKEI BAY」つまりトウケイワンとあり、明治10年にトウキョウと読み方が変わったとされる。おそらく明治時代になってから「江戸湾」と便宜上呼ばれるようになったのではというのが歴史学者の話だと説明してくださった。

ところが「江戸湾」という表記が江戸時代に実在したことが思わぬことから明らかになった。図書館で『東京港史』（東京都港湾局編）を手にしたら、口絵に掲載された「江戸湾測量之図」の文字が目にとまった。そこでこの本の編纂にたずさわった斉藤幸一氏に、本文中の絵図「江戸湾測量之図」の出典に関する調査をお願いした。「江戸湾測量之図」という表題文字は、明らかに後世になって挿入された活字だったからである。その結果斉藤氏は、中央図書館所蔵の嘉永6年（1853年）のアメリカ人が測量にかかわった当該図作成の経緯のなかに「米人江戸湾の江戸内海の深浅を計る」という文言を見つけられたと教えてくださった。『東京港史』に掲載された「江戸湾測量之図」は、「江戸内海測量図」の一部を抜粋してタイトルを付けたことが判明した。

そのアメリカ人とは、なんとペリー提督が率いる東インド艦隊であると神奈川県水産技術センターの工藤孝浩氏からご教示をいただいた。横浜開港資料館に保存されている元図の表題には「GULF of YEDO」と書かれている（左頁の図）。黒船来航の副

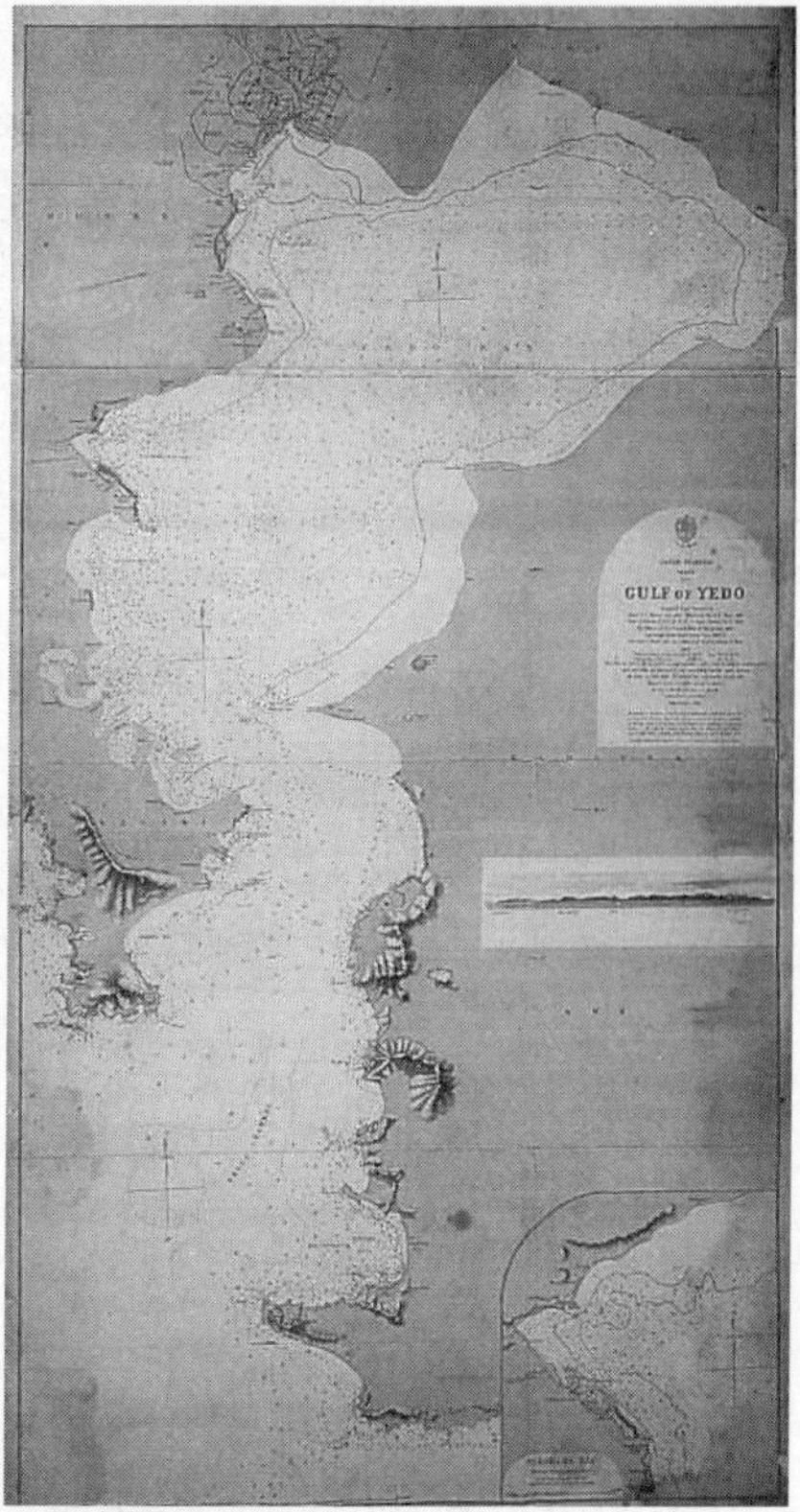


最古の東京湾の海図

- ペリーが率いる東インド艦隊が測量
- 1853〜1854年の来航時のデータに基づき作成されたと考えられる
- 湾口の急深部、湾奥の浅瀬や干潟が正確に記載されている

（横浜開港資料館所蔵）

産物だったのである。

これで長年の懸案だった「江戸湾」に関する呼称の存否についてひとます決着がついた。江戸時代にも「江戸湾」という呼称が存在したという貴重な発見といえよう。

だがもう一つ難問が残っている。明治維新以後の地図における湾の名前は、ほとんどが旧幕藩の名前が付いている。陸奥湾、相模湾、駿河湾等々。都市名か県名を冠してあるのは、東京湾と鹿児島湾だけである。なぜ江戸湾、薩摩湾としなかったのだろうか。ましてや黒船来航の際に、湾の深さを計測した海図には、江戸湾と表記されたことは明治政府もご存じだったはずである。

江戸前談義に長年にわたり付き合ってくれた博学な友人が、「もしかしたら明治政府は、徳川幕府の残滓を一掃したかったのかもしれませんね。表向きは穏便に終わった大政奉還とはいえ、冷や飯を食わされた方々の心の中にあった積年の恨みはかなりだったようですからね」と推論をしてくれた。そうかも知れない。当時の記録が残っていたとしても、それを暴露すればそれこそ特定機密保護法に抵触してしまうかもしれない。

**最後に残った問題は「東京湾の範囲」**

234頁に紹介した日経新聞の記者が書いたように、江戸前の今日的な定義をめぐって混乱を引き起こしている根源は、東京湾とはどこを指すのかというなんとも初歩的な問題にある。

釣りという遊びを生業にしている私がいつも見ているのは、海上保安庁水路部が作製した海図である。そこに表記されている東京湾とは、神奈川県・剱崎《つるぎざき》灯台と、千葉県・洲崎灯台を結ぶ以北の海域。そこで広辞苑編集部に、江戸前の語釈が「江戸湾（東京湾）付近で捕れる魚類の称」なんておかしいでしょうと噛みついた。

だが後日、改めて広辞苑（第5版）の「東京湾」を引いて青ざめた。そもそも東京湾という概念が根本的に間違っていたことを知ったからである。

とうきょうわん［東京湾］関東平野の南に湾入している海湾。観音崎と富津洲より北の部分を指す。浦賀水道によって太平洋に通ずる。水深が浅く、沿岸の埋立が進んでいる。

この説明なら鮨屋さんのネタを扱う東京湾内湾特殊物連合会の取り決めともほぼ一致する。

あわててボロボロの広辞苑第2版を紐解いてみた。すると「観音崎と富津州との以北」の次に「広さ東西約二〇キロメートル、南北約五〇キロメートル、湾口約八キロメートル」と書かれていた。すぐさま広辞苑編集部に出向き、頭を下げた。でも優しい担当者は、「広辞苑にだって間違いはたくさんあるんです。間違いは気づいたら直せばいいだけのことですよ。私が大切だと思うのは、恐れず世に出すことです。いいじゃないですか。そんなことで筆を折らずに書き続けてください」という励ましの言葉をいただきさらに恐縮してしまった。浅学非才とは、自らを謙遜して使う言葉だが、人生でこれほど浅学非才の身を恥じ入ったことはない。

そんなこともあり、文庫化するにあたって改めて国土地理院と東京湾を管轄する第三管区保安本部に「東京湾の範囲」を聞いてみた。その意外な回答に戸惑ってしまった。

国土地理院の話では、「東京湾という表記をどのあたりに置くかという決め事はありますが、それはあくまでも『だいたいこの辺』というだけで、範囲を明確に決めているわけではありません。地名や湾名は有識者の意見を参考にしていますが、別に国土地理院の判断で決めているわけではないんです。まあ、この範囲を『狭義の東京湾』と呼んだりしているようですが、国土地理院は関知していないんです」とのことだった。

一方の海上保安庁だが、窓口は「海の相談室」。電話で応対してくれた担当者は、「海上保安庁の水路部が湾の定義を決めることはないですね。現在、『神奈川県の剱崎《つるぎざき》と千葉県の洲崎以北を東京湾』と定めたのは、海上交通安全施行規則という政令（昭和48年）なんです。これは海の交通安全を確保するために定めたあくまでも規則なんですよ。そこでこの規則が取締の対象とする東京湾の範囲を定めただけのことです」という趣旨の回答だった。

江戸前と東京湾という使い慣れた言葉だけに、この「二つの東京湾」という問題に何らかの解決策が出ることを願っている。

『東京都内湾漁業興亡史』では、東京都に面した海を「東京都内湾」とし、富津と観音崎以北を「東京内湾」、そして浦賀水道部分を「東京外湾」としている。私も従来、この呼称に習っていたが、一般の方にはわかりにくい説明かもしれない。

江戸前に「江戸風」「江戸流」という意味が加わることになることは前にご説明した。しかしどんな漢和辞典を引いても「前」という文字に「風」とか「流」を示す解説はない。「江戸の腕前」がいつしか短縮されて「江戸前」になったと解説した本もある。この点に関して国立国語研究所に問い合わせてみた。すると「調べるのに少し時間をください」ということだったが、後日、ていねいな報告をいただいた。国立国語研究所ではつぎのような見解である。

「お問い合わせの『前』という文字には『それ相当の価値』とか『到達点』という意味あいが含まれますが、確かに『風』とか『流』といった意味合いはないですね。考えられるのは、江戸の職人気質や江戸情緒という意味あいをこめて江戸前という言葉が広く使われていくうちに、『前』という文字の意義が薄れていったと考えられます」ということだった。

この章の冒頭に書いた江戸前に次の二つが加わる。

③　現在では富津岬と観音崎を結んだ以北の東京湾を指すことがある（江戸前の魚介を扱う水産業者など）。それ以南の海域も江戸前とする見解もあるが、海底の形状があまりに違いすぎる。それにともない棲息もしくは回遊する魚介の種類に大きな違いがあり、江戸前に含めるのは適当ではない。

④　江戸風。「江戸前鮨」。江戸に発祥した新鮮な素材を使った握り鮨が各地に広まったもの。

これでいかがであろうか。

## 江戸前に復活の息吹

10年前に『江戸前の素顔』を書いた当時、私が遊び釣りをした江戸前の海は瀕死の状態に近かった。最大の特徴だったこの海の浅瀬は次つぎと埋め立てられ、アマモは絶滅し、海岸線はほとんど垂直護岸で囲まれ、海辺に下りることさえできなくなっていた。

しかし失った物の大切さに気づいた人も少なからずいた。千葉県の盤洲《ばんず》では干潟の埋め立て反対運動が起きた。当時の堂本知事が企画したシンポジウムに招かれ意見を聞かれ、「浅瀬を埋め立ててできた東京ディズニーランドは私にとって、たくさんの魚たちや貝の墓場なんです。まして千葉県なのになぜ『東京』なんですか？　同じ過ちを繰り返さないでください」と申し上げた。すると「よくわかりました。でもディズニーランドは民間の企業体なので、個人的にはあなたのおっしゃる通りだとおもいますが、口をはさむことはできないんです」と堂本知事は苦笑いをしてお答えくださった。そして盤洲干潟の埋め立ては中止された。

一方、地元の東京では、「最後の江戸前」と言われた有明の「十六万坪」が大きな反対運動にもかかわらず埋め立てが強行されてしまった。ハゼの産卵場だった場所だし、浅瀬を悠然と回遊するスズキの姿を見ることができる貴重な場所だったのに……。

その頃、東京都水産試験場（現在の東京都島しょ農林水産総合センター）で江戸前の魚介類の定期的な棲息調査を行っていた。担当の小泉正行氏と知己を得て、私も定点調査に何度か同行させていただいた。多摩川河口、羽田沖、お台場、三枚洲などの定点で毎月1回、観測船をチャーターして調べている。美濃部亮吉氏が都知事時

江戸前で網を引く定点調査

ニホンイサザアミとカタクチイワシの子

代にスタートしたというから凄い！

水色と透明度の観測から始まり、表層、中層、海底の水温、溶存酸素などを調べてからプランクトンネットという目が細かい網を引く。水揚げした内容物を水桶に空けてからごみを選り分け、棲息している魚やエビなど甲殻類などを探し出すという作業が終日続く。

ある日、ディズニーランドの前で網を曳いたとき、大量のニホンイサザアミが入った。江戸前名物「アミの佃煮」の素材である。まだピチピチしているやつに手を伸ばしてひとつまみ口に入れた。甘くて美味い！　すると「だめですよ、食べちゃ。まだ捕獲量も計測してないんだから」と小泉氏に大目玉をくらってしまった。彼らは魚介ごとの捕獲量を計測し、その変動を記録することが仕事。ときには捕れた魚の腹を割いて胃の内容物まで調べるという念の入れようだ。

彼は海に限らず川での棲息調査も行っている。「釣りをしていて、稚アユを釣ったことありませんか？　川から海に下ったアユがどこで冬を越すのか、よく分からないんですよ」と話していた。その数年後、彼は多摩川河口の沖でアユの卵を見つけ、孵化したばかりの幼魚のサンプルも発見して大きな話題となった。探し出すまであきらめない粘り強さにはいつも敬服している。

東京都島しょ農林水産総合センターは、この定点調査の結果分かったトピックスをホームページで公開している。これまで江戸前から姿を消したと思われていた魚や貝、カニなどの棲息が確認されるたびに嬉しさがこみ上げてくる。

神奈川県水産試験場（現在の神奈川県水産技術センター）では、工藤孝浩氏らが長年にわたって産卵床となり稚魚の棲みかとなるアマモの再生に取り組んできた。地域の子どもたちにアマモの苗を植える体験学習はかなりの人気を博している。管轄する海域での棲息調査も行っているが、釣り雑誌などで魚類の生態や環境の変化など幅広く「海と魚のスポークスマン」としての活動を精力的にこなしている。

中央ブロック水産業関係研究開発推進会議に所属する、神奈川県、東京都、千葉県の水産試験場の研究員などが「東京湾研究会」を立ち上げ、「江戸前の復活！東京湾の再生をめざして」をスローガンにさまざまな

市民参加のアマモ再生活動で花枝取り
（神奈川県水産技術センター）

東京湾大感謝祭での浅利の殻剝き
（提供：国土交通省）

運動を積極的に展開している。２０１３年12月に開催したフォーラムにはこの運動に賛同する多くの方が参加し、江戸前と東京湾の現状や改善策が報告された。

東京湾奥と呼ばれる東京湾の北側の海域では、貧酸素の現象が起きている。海水に溶ける酸素が激減し貝や魚が大量に死んでしまう。これは港湾の水路を確保するために掘削したことなどが原因で起こるが、水面に累々と魚が腹を横たえて死んでいる様を目にすると、言葉を失う。

行政も動き出している。国土交通省の港湾環境政策室が10年間取り組んできた「東京湾再生のための行動計画」をさらに延長し、第2期として「東京湾再生官民連携フォーラム」を立ち上げた。これは行政機関にとどまらず水産関係者、レジャー関係者、一般市民を巻き込む運動体として期待されている。会員登録は無料でだれでも参加が可能という画期的なものである。２０１３年11月には「東京湾大感謝祭」を開催し１２００名に上る来場者で賑わった。会場ではアサリの殻剝きや、東京湾で捕れた新鮮な魚の即売会もあり、「豊饒の海・東京湾」が満喫された。

こうした江戸前を復活させようという動きは必ずや実を結んでくれるに違いない。

水産関係者と国交省のスローガンである「東京湾再生と江戸前の復活」は、広い意味での東京湾と、特にダメージの大きい湾奥の復活を指しているようで、活動の成果が上がることを願っている。

## 漁業権と江戸前漁師の復活を！

海の浄化や魚たちが棲息しやすい環境が整備されても、それを捕って食卓にのせるにはまだ課題が残っている。漁業権の復活と江戸前の魚を捕る漁師がいなければ画に描いた餅で終わってしまう。２００８年の統計によれば、広い意味での東京湾で漁業に従事する人は約４５００人に過ぎない。しかも毎年約２００人ずつ減少しているから、単純計算で20年後の東京湾には漁師がいなくなってしまう。狭い意味での東京湾では、その減少傾向はさらに深刻なはずである。

そこで水産関係者が心配しているとおり、東京都における漁業権の新たな付与や、漁業奨励策が必要になる。これこそ規制緩和があってしかるべきではなかろうか。

各地方で地産地消の人気が高まっている。津々浦々で捕れる美味しい魚介がその産地で消費されることは結構なことだが、漁業権のない東京都民にとっては残念ながら、自分で捕って食べる以外に方法がない。それこそ自給自足しか道がないのである。ほんの一部の釣り人だけが江戸前の海の幸を堪能している現状をなんとかして変えていかなければならない。

とは言っても漁場としての江戸前の海は、埋め立てでほんの少しになってしまった。様ざまな漁獲制限を設けないとせっかくの漁業資源が枯渇してしまう。

職業はと聞かれたとき、「私は江戸前漁師です」、なんて答えることができたら格好いい。20歳も若ければ私は迷わずにその道に進んだことだろう。

# あとがき

私が遊んで、食べて、釣りをした豊饒なる江戸前から享受した海の幸や食文化などをこれでもかとばかりに書かせていただいた。『江戸前の素顔』を文庫として世に送り出すにあたり改めて取材をしたが、かつて江戸前の昔語りを聞かせてくださった漁師さんや古老たちは、残念なことにほとんど黄泉の国へ旅立っていた。「江戸前ってえのはよ、おめえが言うとおりの漁場だよ。すげえ狭《せ》めえだけんどよ、魚でも貝でも海苔でもたくさん捕れたもんだよ」と、背中を押してくれた方々がこの世を去ってしまったことは寂しいもの。それだけにあまり知られていなかった江戸前の素顔を書き残しおく必要性を痛感し、新たなエピソードを加筆し、歴史的なくだりはよりわかりやすく書き改めた。

単なる回顧からは何も生まれない。だが過去を正しく認識することができれば、行く末を見誤ることは少ない。埋め立ててしまった海や浅瀬を復元するには、その数十倍もの費用と歳月を要する。これ以上の環境破壊に歯止めをかけ、江戸前と東京湾の復活と再生をはかって欲しい。江戸前を囲っている防波堤を垂直護岸から傾斜のある護岸に変更するだけで、たくさんの魚や貝が帰ってくることは実証ずみである。しかも万が一、大震災で津波に襲われた際に大都会を守る大きな力にもなる。また環境を保全しよう。再び江戸前の海の幸をみんなのものにしようという運動に賛同し、行動を起こす方が増えていることに力強さを感じている。

本書を書くにあたり、江戸時代から多くの先人が江戸前の定義や魅力を書き残してくれたことの有り難みが身に染みた。私も「江戸前の語り部」のひとりとして、声をかけていただければ、古地図を片手にどこにでも出かけていく。できれば一緒に海辺で魚を釣ったり貝を捕ったりし、海の幸を満喫しながらお話しをさせていただきたい。

拙著が江戸前に興味を持たれる方々の一助になればこの上ない幸せである。

今回、取材に快く応じてくださった方々、また江戸前に棲息する魚介の写真や資料の提供などにご協力をいただいた東京都島しょ農林水産総合センターの小泉正行氏、神奈川県水産技術センターの工藤孝浩氏をはじめとする海洋水産研究者各位には深く感謝を申し上げる。

文庫化にお力添えをいただいた文藝春秋の関係者のみなさまには、深甚なる謝意をお伝えしたい。

# 主な参考文献

東京湾学会誌1巻4号（東京湾学会）　2000年
日本橋魚市場沿革紀要（日本橋魚会所）　1889年
東京都内湾漁業興亡史（東京都内湾漁業興亡史刊行会・非売品）　1971年
東京湾水土記　高橋在久　未来社　1982年
平賀源内全集　萩原星文館　1936年
嬉遊笑覧　喜多村信節、近藤圭造校訂　名著刊行会　1993年
守貞謾稿　喜多川守貞著　朝倉治彦、柏川修一校訂編集　東京堂出版　1992年
東海道中膝栗毛　麻生磯次注　岩波書店　1979年
江戸前つり師　三遊亭金馬　徳間書店　1962年
味覚馬鹿　北大路魯山人　五月書房　1993年
すしの本（新装復刻版）　篠田統　柴田書店　1993年
「江戸前」の魚はなぜ美味しいのか　藤井克彦　祥伝社　2010年
魚鑑　武井周作　平野満解説　八坂書房　1978年

國史大辞典第6巻　吉川弘文館　1985年
魯山人の食卓　北大路魯山人　角川春樹事務所　1998年
旬の魚はなぜうまい　岩井　保　岩波新書　2002年
神田鶴八鮨ばなし　師岡幸夫　草思社　1986年
深川区史　深川区史編纂会編　1926年
すきやばし次郎　鮨を語る　文春新書　2009年
大江戸趣味風流名物くらべ　吉村武夫　西田書店　1976年
佃煮物語　全調食協報94号　全国調理品工業協同組合　2004年
江戸砂子　沾涼纂輯　小池章太郎編　東京堂出版　1976年
江戸川柳食物誌　佐藤要人監修　太平書屋　1998年
佃島の今昔　佐原六郎編著　雪華社　1972年
鮓・鮨・すし――すしの事典　吉野昇雄　旭屋出版　1991年
最暗黒の東京　松原岩五郎　岩波文庫　1988年
釣魚秘伝集　大橋青湖編　アテネ書房　1982年
露伴釣談　開高健編　アテネ書房　1978年
竹、節ありて強し　松本三郎・かくまつとむ　小学館　2000年
豊かな東京湾再生検討委員会食文化分科会報告書（水産庁）　2007年

東京湾における人とマハゼの関係史　工藤貴史　吉野暢之（水産振興516号）2010年
江東区文化財研究紀要（1号）江東区教育委員会　1990年
寛永録　五　江東区教育委員会　1989年
江戸魚釣り百姿　花咲一男　三樹書房　1978年
幻談　幸田露伴　岩波書店　1947年
文士と釣り　丸山信　阿坂書房　1979年

単行本『江戸前の素顔』（二〇〇四年二月　つり人社刊）
文庫化にあたり、大幅加筆修正いたしました。

17頁上段、１８６頁、２２３頁の写真（以上、提供・東京都水産試験場〔現・東京都島しょ農林水産総合センター〕）、１７９頁、１９０頁、２０３頁の写真は、『東京都内湾漁業興亡史』（編集　東京都内湾漁業興亡史編集委員会／発行　東京都内湾漁業興亡史刊行会／昭和46年5月発行）より引用いたしました。

文春文庫

江戸前《えどまえ》の素顔《すがお》
遊《あそ》んだ・食《た》べた・釣《つ》りをした

定価はカバーに表示してあります

2014年6月10日　第1刷

著　者　藤《ふじ》井《い》克《かつ》彦《ひこ》

発行者　羽鳥好之

発行所　株式会社　文藝春秋

東京都千代田区紀尾井町 3-23　〒102-8008
TEL　03・3265・1211
文藝春秋ホームページ　http://www.bunshun.co.jp

落丁、乱丁本は、お手数ですが小社製作部宛お送り下さい。送料小社負担でお取替致します。

印刷・大日本印刷　製本・加藤製本

Printed in Japan
ISBN978-4-16-790130-1

（　）内は解説者。品切の節はご容赦下さい。

池波正太郎
**食べ物日記　鬼平誕生のころ**
下町の味をこよなく愛した池波正太郎は、昭和四十三年に何を食べ、誰に会い、どんな映画や芝居を観ていたか。三六五日の日記に山本一力×池内紀両氏の対談、担当者座談会などを併録。
い-4-91

石井好子
**パリ仕込みお料理ノート**
三十年前、歌手としてデビューしたパリで、食いしん坊に開眼した著者が綴った、料理とシャンソンのエッセイ集。読んだらきっと食べたくなり、作ってみたくなる料理でいっぱい。
い-10-1

石井好子・水森亜土
**料理の絵本　完全版**
シャンソン歌手にして名エッセイストの石井好子さんの絶品レシピに、老若男女の心をわしづかみにする亜土ちゃんのキュートなイラスト。卵、ご飯、サラダ、ポテトで、さあ作りましょう！
い-10-3

池澤夏樹
垂見健吾　写真
**神々の食**
「食べ物を作るという仕事は、神様の仕事に近いのかもしれない」。沖縄の食の伝統を支える人びと、味覚の数々。旅する作家と南方写真師が訪ね歩いた食の現場・三十五景。　（新城和博）
い-30-7

池部　良
**風の食いもの**
戦前の東京の食卓の風景。戦中、陸軍に召集された新兵時代のメシ、そして、大陸へ渡り前線での中華的食事や南方へ送られた島で終戦まで生き延びるための食等々、人生折々の食の風景。
い-31-3

海老沢泰久
**美味礼讃**
彼以前は西洋料理だった。彼がほんもののフランス料理をもたらした。その男、辻静雄の半生を描く伝記小説――世界的な料理研究家辻静雄は平成五年惜しまれて逝った。　（向井　敏）
え-4-4

太田和彦
村松　誠　画
**居酒屋おくのほそ道**
居酒屋界の第一人者・太田和彦さんが村松誠画伯と、会津、仙台、盛岡、秋田、富山等、松尾芭蕉の「奥の細道」にある名居酒屋を訪ね、美酒と土地の肴に酔う。震災後の訪問記を増補。
お-57-1

（　）内は解説者。品切の節はご容赦下さい。

辰巳芳子
## 家庭料理のすがた
旬は風土の愛し子　人も風土の愛し子

家庭料理はプロの料理とは違う。時間のある時に「まとめ仕事」でだしをひき、下調理をしておけば、本調理は三、四十分で終わる――著者の「展開料理」の真髄を学べるエッセイ&レシピ。

た-73-1

なぎら健壱
## 酒《しゅ》にまじわれば

雪見酒、叱られ酒、ハシゴ酒。酒にもいろいろあるけれど、飲まずにはいられない著者の、おかしさと哀しみに彩られた酔い心地を追体験できる名文の数々。酒エッセイの最高峰。（吉川　潮）

な-65-1

野地秩嘉《つねよし》
## おいしい野菜のおかず

料理のわき役的存在だった野菜の味が見直されている。手間をかけて作られた野菜のおいしさを生産者に聞き、それを使った料理のおいしさをシェフに聞き、そのレシピを再現。

の-15-1

野地秩嘉
## 娘に贈る家庭の味
赤坂「津やま」もてなしの心

愛娘ふたりが嫁ぐとき、家庭料理の基本を教えてやりたい――赤坂の名割烹の主人が、豚の角煮、エビフライ、ポテトサラダなど家庭の日常料理をわかりやすく伝えた教科書。（谷村新司）

の-15-2

畑　正憲
## ムツゴロウの地球を食べる

世界最大の淡水魚の刺身、アリヅカに生えるキノコのサシーミ、掘り立てのトリュフ、キングサーモンの温燻……。地球上の美味珍味を求めて世界をめぐった、空前絶後の美食紀行。

は-1-34

林　望
## イギリスはおいしい

まずいハズのイギリスは美味であった!?　嘘だと思うならご覧あれ――イギリス料理を語りつつ、イギリス文化の香りも味わえる日本エッセイスト・クラブ賞受賞作。文庫版新レセピ付き。

は-14-2

林　望
## 旬菜膳語

セイロのソバは、昔は蒸していた？　イギリスもおいしかったけど、日本はもっとおいしいと、縦横無尽に語りつくすリンボウ先生の至高の和食文化講義！（川本三郎）

は-14-9

（　）内は解説者。品切の節はご容赦下さい。

早川　光
## 鮨水谷の悦楽
ミシュランで三つ星を獲得した「鮨水谷」。毎月変化する鮨ネタを追いかけ、主人に話を聞き込み、現在の日本を代表する鮨屋のすべてに鋭く迫る。読めばあなたも食べたくなります！

は-33-1

早川　光
## 日本一江戸前鮨がわかる本
『鮨水谷の悦楽』の著者が今度は〝江戸前鮨〟とは何かを鮨ビギナーにもわかりやすく解説。鮨を見分ける四大ポイント、初心者でも安心できる食べ方、全国各地の名店の数々など、情報満載。

は-33-2

平松洋子
## 世の中で一番おいしいのはつまみ食いである
キャベツをちぎる、鶏をむしる、トマトをつぶす……手を使って料理すると驚くほどおいしくなる。料理にとって「手」がいかに重要かを楽しく綴った料理エッセイ集。（穂村　弘）
ひ-20-1

平松洋子
## 忙しい日でも、おなかは空く。
うちに小さなごちそうがある。それだけで、今日も頑張れる気がした。梅干し番茶、ちぎりかまぼこ……せわしない毎日にもじんわりと沁みる、49皿のエッセイ。（よしもとばなな）
ひ-20-2

山本一力
## 味憶《みおく》めぐり
伝えたい本寸法の味
少年時代のハヤシライス、直木賞奇跡のカツサンド。記憶に刻み込まれた二十四の味と店。人生を豊かにしてくれた店の味とつきあい方を美味しい文章で紹介した、お腹がすくエッセイ集。
や-29-19

クレア 編　柳　忠之　監修・文
## 手みやげは極旨ワイン！
人気ショップの予算別のお薦めワイン、カリスマソムリエが休日に楽しむリラックスワイン、スパークリングから国産ワインまで百本以上をご紹介。ハンディなカラー版ワインガイド。

食-1-1

堀井和子
## こんなふうに食べるのが好き
10人のこだわり　10人のおいしい
「朝食のシリアルは〈アラビア〉のバラティッシで」「大福は北欧アンティークのお皿で」——食いしんぼうのスタイリスト・堀井さんがたずねる10人のおいしいものと素敵なこだわり。
食-2-1

（　）内は解説者。品切の節はご容赦下さい。

藤田千恵子
**極上の調味料を求めて**

醬油は香川、お酢は天の橋立、かつお節は鹿児島・枕崎……。日本全国の製造元へ飛んだ食のルポ。じっくりと丁寧に作られたこだわりの醱酵調味料は、シンプルな素材をご馳走に変える！

食-3-1

猪口《いのぐち》ゆみ
**世界でいちばん〝おいしい〟仕事**
「セコムの食」突撃バイヤーの美味開拓記

突然社命が……。お取り寄せ通販「セコムの食」のただひとりのバイヤーとして、命がけで漁船に乗り込んだり、超ガンコな職人たちと対峙し、究極の一品を探し出す元看護師ＯＬの奮戦記！

食-5-1

徳岡邦夫
山口規子 写真
**嵐山吉兆　秋の食卓**

「嵐山吉兆　四季の食卓」シリーズ第二弾は、山の幸、海の幸が豊富になってくる秋篇。まつたけ、くり、さんま、いわし…身近な食材も嵐山吉兆の手にかかるとご馳走に変身します。

食-6-2

徳岡邦夫
山口規子 写真
**嵐山吉兆　冬の食卓**

正月といえばおせち、そしてゆりね、かぶ、ぶり、かき。冬は栄養を蓄えて食べごろになる食材が勢ぞろい。蒸したり、鍋にしたりして、身体の芯から暖まる料理を作りましょう。

食-6-3

徳岡邦夫
山口規子 写真
**嵐山吉兆　春の食卓**

春は芽ぶきの季節。たけのこ、菜の花、真鯛、かつお、あさりなどの食材を使って、家庭でおいしい料理に仕立てるにはどうしたらいいか。嵐山吉兆伝来の料理のコツ満載の一冊。

食-6-4

マッキー牧元
**東京・食のお作法**

ガイドブックではわからない東京の下町、路地裏、立ち食いそば、イタリアンなどの楽しみ方。タベアルキスト、マッキーが惚れ込んだ名店でのお作法を本邦初公開するオリジナル文庫。

食-7-1

朝田今日子
**オリーブオイルのおいしい生活**
ウンブリア田舎便り

オリーブの収穫、豚の解体、トマトの瓶詰め、村の栗祭り。イタリアの田舎に暮らす主婦が、体に優しく美味しい本場家庭料理のレシピと、村の人々のシンプルな生活を写真満載で紹介。

P20-24

（　）内は解説者。品切の節はご容赦下さい。

吉村 昭
**三陸海岸大津波**
明治二十九年、昭和八年、昭和三十五年。三陸沿岸は三たび大津波に襲われ、人々に悲劇をもたらした。前兆、被害、救援の様子を、体験者の貴重な証言をもとに再現した震撼の書。（髙山文彦）
よ-1-40

吉村 昭
**関東大震災**
一九二三年九月一日、正午の激震によって京浜地帯は一瞬にして地獄となった。朝鮮人虐殺などの陰惨な事件によって悲劇は増幅される。未曾有のパニックを克明に再現した問題作。
よ-1-41

「文藝春秋」編集部 編
**私は真犯人を知っている**
未解決事件30
下山事件からライブドア事件まで戦後を彩る三十の未解明事件。足利事件を追う気鋭の記者のルポ、そして検察による冤罪に立ち向かった元厚労省局長の村木厚子さんの手記も収録。
編-2-44

「文藝春秋」編集部 編
**真相開封**
昭和・平成アンタッチャブル事件史
グリコ森永事件、雅子妃「懐妊の兆候」報道、国松長官狙撃、そして予測されていた東日本大震災……。事件の深い闇が今、白日のもとに。第一線の現場記者たちがタブーに挑む。
編-2-46

NHKスペシャル取材班 編著
**無縁社会**
年間三万二千人にも及ぶ無縁死の周辺を丹念に取材し、血縁、地縁、社縁が崩壊した現代社会へ警鐘を鳴らす。菊池寛賞受賞のNHKスペシャルに「消えた老人たち」等を加えた完全版。
編-19-2

小林由美
**超・格差社会アメリカの真実**
富の六割が五％の金持ちに集中、国民の三割が貧困家庭である米国格差社会はどのように形成されたかを解きながら、それでも米国が「心地よい」理由を探る。明日の日本の姿がここに。
経-6-1

星野真澄
**日本の食卓からマグロが消える日**
クロマグロ輸入全面禁止を求める動きなど、日本にとって厳しい時代だが、一番問題なのは中国富裕層の魚食化で、魚が来なくなること。世界の魚争奪戦を描く骨太ノンフィクション。
食-4-1